VIOLACIÓN A LOS DERECHOS HUMANOS EN ECUADOR

CONTRA ROBERTO Y WILLIAM ISAÍAS

Dr. Carlos Pareja-Cordero

ALEXANDRIA LIBRARY
PUBLISHING HOUSE
MIAMI

ISBN: 978-1533461445

www.alexlib.com

Índice

PRÓLOGO

Tres razones para defender a Isaias

Carlos Alberto Montaner

Es importante comenzar por las aclaraciones. Apenas conozco a Roberto Isaías. Hemos conversado pocas veces, generalmente en actos sociales, y siempre sobre generalidades. Jamás me ha contado sus problemas políticos o judiciales con el gobierno de Rafael Correa. Creo que quejarse no forma parte de su personalidad. Lo que conozco del caso es lo que he leído en la prensa y ahora este impecable alegato jurídico. No he tenido la menor relación profesional con él o con los medios de comunicación que tuvo en Ecuador. No creo que la tenga en el futuro. Tampoco soy abogado.

¿Por qué, entonces, acepté escribir estas breves palabras a manera de prólogo? En esencia, por tres razones que expongo a continuación, todas vinculadas a cierto sentido de la justicia.

Primero, porque me parece que Isaías, como ha sido uno de los empresarios más exitosos de Ecuador, y como procede de una familia de empresarios triunfadores, es víctima del odio insensato que existe en América Latina contra las personas emprendedoras que logran abrirse paso hasta la cúspide.

Por desgracia, no se trata de un fenómeno solamente ecuatoriano. Recuerdo una encuesta hecha en la Universidad de San Marcos, en Lima, hace pocos años, que confirmaba el problema. Cuando se les preguntó a los estudiantes el origen de la pobreza en nuestro continente, una abrumadora mayoría declaró que se debía a los empresarios. Para ellos, los empresarios no generaban riqueza y creaban puestos de trabajo. Eran, en cambio, los causantes de la miseria. Era ese disparate lo que habían aprendido en la Facultad.

En Estados Unidos sucedía al revés. Isaías y su familia tenían un banco en Miami, el Republic, y por ello mismo, y porque la institución era seria y solvente, gozaban de grandes simpatías y respetabilidad social. La gente valoraba la labor del empresario que solucionaba necesidades del mercado. Había unas personas que necesitaban crédito y otras que disponían de ahorros y deseaban que ese capital les rindiera dividendos. El banco servía de mediador entre unos y otros para beneficio de ambos grupos y, por supuesto, del banco. Santo y bueno.

Mientras en USA o en Europa se admira y aprecia la labor de los empresarios que crean riqueza, y alguno como Steve Jobs es enterrado en loor de multitudes, en América Latina las personas emprendedoras son siempre nebulosamente sospechosas de algún comportamiento maligno, y, en general, casi nadie protesta cuando los gobiernos les roban sus bienes o cometen cualquier atropello contra ellas. La tónica general es de satisfacción.

Segundo, porque me parece peligrosísima la confiscación de los medios de comunicación privados por parte de los gobiernos. La familia Isaías tenía varios canales de televisión y el gobierno encontró la manera de apoderarse de ellos. Al margen de la coartada legal utilizada, el argumento moral consistía, como es habitual, en declarar que eso no era prensa libre, dado que los canales respondían a los criterios de los dueños, e inmediatamente esos medios de comunicación pasaron al control del Estado y ahora se dedican a ensalzar la labor de gobierno, abandonando cualquier función de vigilancia y denuncia contra las arbitrariedades que suelen ocurrir en el sector público.

Quienes creen que los medios de comunicación privados no responden a un amplio sector de la sociedad no saben lo que dicen. Si los canales de televisión, las estaciones de radio y la prensa escrita –a lo que ahora hay que agregar las webs de Internet—no responden a los criterios éticos y estéticos de su público, no pueden sobrevivir en un mercado competitivo.

El público, más que orientación, busca coincidencias en los medios de comunicación. Busca noticieros que traigan la información que le place o interese. Los lectores de diarios son fieles a los columnistas que escriben lo que ellos creen, pero de una manera más profesional, ordenada y elegante.

A lo sumo, buscan y agradecen los argumentos que refuerzan sus puntos de vista particulares. Si los canales del señor Isaías, o el diario El Universo de Guayaquil, no encarnaran los criterios de grandes sectores de la sociedad, sencillamente, hubieran desaparecido como resultado de esa excentricidad.

Por eso se decía, en el siglo pasado, que la prensa era "un plebiscito diario".

Esos medios de comunicación en manos del gobierno, a fuerza de ser obsequiosos y de ocultar las críticas negativas a quien la merece, irán perdiendo contacto con el pueblo y, por ello, cuotas de interés, sosteniéndose en el terreno económico por medio del dinero público, sin importarle a casi nadie lo que significa ese gasto innecesario consagrado a aplaudir sin recato la labor de los que mandan, aunque sea disparatada.

Tercero, porque cada vez que un gobierno como el de Rafael Correa la emprende contra la empresa privada y confisca o interviene propiedades legítimamente adquiridas por sus propietarios, el daño indirecto que hace es mucho mayor que el sufrido directamente por los incautados.

Una de las claves del desarrollo es la inversión privada nacional e internacional. Pero esos capitales disponibles, y esos empresarios dispuestos a invertir y a crear riqueza, prefieren siempre llevar sus escasos y muy apreciados recursos –capital, know-how, redes comerciales--, donde las reglas son claras y en donde el poder judicial es honrado, actúa con independencia y se ajusta a las leyes, no al criterio del mandamás de turno.

Es muy probable que la familia Isaías haya perdido una considerable fortuna con la confiscación de sus bienes, pero es muy probable que los ecuatorianos perderán mucho más con las inversiones que nunca van a llegar al país o con los negocios que jamás se harán como consecuencia del clima de ilegalidad y hostilidad al capital nacional y foráneo que sufre el país.

Esos son los daños intangibles que sufren los pueblos cuando los gobernantes actúan irresponsablemente.

La conocida frase es, desgraciadamente, cierta: "no hay animal más cobarde que un millón de dólares". La persecución a los Isaías, sin que nadie se lo proponga, genera el efecto perverso de provocar que esas sensibles criaturas, los inversionistas y los negociantes se escondan nerviosamente. Cuando ven arder las bardas del vecino ponen las suyas en remojo. Eso es malo para todos los ecuatorianos.

I

LOS HERMANOS ISAÍAS DASSUM VÍCTIMAS DEL ESTADO ECUATORIANO

1.1. Esta publicación contiene una relación suscinta de de las violaciones de derechos humanos en contra de los hermanos **ROBERTO Y WILLIAM ISAIAS DASSUM.**

1.2. Las violaciones que se relatan han sido cometidas el Estado de **LA REPÚBLICA DEL ECUADOR.** Estado Parte de la Convención Americana sobre Derechos Humanos, cuyos representantes por elección popular, funcionarios públicos y agentes del Estado, en general, han violado en forma sistemática y continuada, por más de diez (10) años, los derechos humanos de los hermanos Isaías Dassum, en la forma que se explicará más adelante.

II

ANTECEDENTES GENERALES

2.1. **Breve Reseña sobre la Familia Isaías:**

La familia Isaías tiene su origen en inmigrantes libaneses cristianos que arribaron al Ecuador a principios del siglo 20. Esta familia en poco más de cien (100) años y cuatro generaciones de hábiles comerciantes y empresarios, acumuló fortuna e intereses en todas las áreas de la economía ecuatoriana: la banca, la agricultura, la industria, los servicios y los medios de comunicación. Constituyéndose en una de las familias más acaudaladas y que más ha contribuido al desarrollo productivo y de los servicios en Ecuador.

La familia Isaías tuvo una larga y destacada trayectoria en la banca: (i) Propietarios del Banco más grande del Ecuador, Filanbanco S.A., hasta el 2 de diciembre de 1998, año en que debido a la crisis económica pasó a propiedad y administración estatal. Los hermanos Roberto y William Isaías Dassum tuvieron cargos administrativos en Filanbanco S.A.; (ii) Propietarios hasta 1999, por treinta (30) años y sin mácula, del Republic National Bank of Miami, que al momento que la familia Isaías decide retirarse de la actividad bancaria, era el banco hispano más grande de la Florida,

Hasta el 8 de julio de 2008, la familia Isaías era propietaria o accionista en Ecuador de varios centenares de empresas, distribuidas en todas las áreas de la economía, incluyendo una potente presencia en medios de comunicación, con 2 (dos) importantes radioemisoras, 2 (dos) importantes canales de televisión por señal abierta, dos (2) canales de televisión por cable y acciones en diversos medios escritos. Todo fue confiscado por una agencia del Estado Estado Ecuatoriano.

Es innegable que la importancia y presencia económica que alcanzó esta familia, la constituyó a la vista de sus adversarios y de los políticos de turno en un activo de uso político populista, en un *"cabeza de turco"* ideal para castigar a los banqueros, a quienes la clase política se había encargado de culpar de la crisis bancaria de 1998, y a quienes se los había calificado, en forma genérica, de corruptos.

2.2. La crisis financiera de 1998:

Durante el último quinquenio de la década de los años 90, el Ecuador sufrió varios problemas externos e internos que afectaron gravemente su economía: la guerra con el Perú (1995), el fenómeno del Niño (1997) que destruyó miles de hectáreas de plantaciones y la denominada "Mancha Blanca" que afectó al sector camaronero. La economía real sufrió una grave pérdida que el país jamás asimiló ni valoró adecuada y responsablemente, estimadas en US $6.000.000.000.- (seis mil millones). La pérdida del agricultor, del camaronero o del empresario, en general, como es obvio, se trasladó al sistema financiero-acreedor.

Como consecuencia de estos hechos, la banca Ecuatoriana evidenció la crisis a partir de 1998, en que prácticamente todos los bancos solicitaron créditos de liquidez del Banco Central del Ecuador (BCE). La situación era sistémica. El pánico de los depositantes contribuyó a profundizar la crisis y varios bancos entraron en liquidación (saneamiento). El gobierno del Presidente de la República, Jamil Mahuad, decretó en marzo de 1999, el congelamiento de los depósitos en el sistema financiero, en un claro reconocimiento de la profundidad del problema.

Entre los bancos que recurrieron a solicitar créditos de liquidez se encontraba Filanbanco S.A., un banco tradicional, que manejaba más del 50% del comercio exterior del país , que fue muy afectado, cuando ante la crisis de la época, los bancos corresponsales extranjeros exigieron a la banca ecuatoriana los pagos de las líneas de crédito.

2.3. **Filanbanco S.A. El Proceso de Reestructuración Para su Fortalecimento:**

Producto de la crisis sistémica, profundizada por el pánico de los ahorristas, después de recibir varios créditos de liquidez del Banco Central del Ecuador (BCE), mediante resolución No. JB-98-085, de **2 de diciembre de 1998,** la Junta Bancaria del Ecuador, presidida por el Superintendente de Bancos, doctor Jorge Egas Peña, al amparo de la solicitud efectuada a nombre de los accionistas privados del banco y del Artículo 23 de la Ley de Reordenamiento en Materia Económica en el Area Tributario Financiero, en uso de sus facultades legales, resuelve someter al Filanbanco S.A. a un Programa de Reestructuración para su fortalecimiento, aplicable exclusivamente a bancos solventes con problemas de liquidez.

Este programa tenía por objetivo la solución de continuidad de la institución financiera con problemas de liquidez pero solvente. Consistía en entregar el banco a una agencia del Estado, la Agencia de Garantía de Depósitos (AGD) mediante un procedimiento legal: Los accionistas en Junta General reducen el capital y patrimonio, salvo un remanente simbólico de un S/1.000.- (un mil sucres), creando una provisión para ser amortizada con la cartera de difícil recuperación del banco. Como contrapartida, la Agencia de Garantía de Depósitos (AGD) debía entregar a los ex accionistas los activos (deudas de clientes) amortizados con su patrimonio, ascendente a la época a US$158.000.000.- (ciento cincuenta y ocho millones), como reconocieron las autoridades.

Los Isaías fueron los únicos banqueros que, voluntariamente, dieron garantías reales adicionales a la Agencia de Garantía de Depósitos (AGD) para compensar eventuales pérdidas adicionales a su patrimonio en el Filanbanco S.A., mediante un Fideicomiso, denominado Fideicomiso AGD, por US $65.000.000.- (sesenta y cinco millones), otorgado ante el Notario Séptimo del cantón Guayaquil, Eduardo Falquez Ayala, el 29 de diciembre de 1998. Estas eventuales pérdidas adicionales al patrimonio que los ex accionistas dejaron en el banco para la provisión de la cartera de difícil recuperación, debían ser determinadas mediante una auditoría por la firma internacional, Price Waterhouse, que sellaría el destino o devolución de estas garantías adicionales, según fuera el caso.

Los hechos subsecuentes son:

1.-Que Price Waterhouse se negó a realizar dicha auditoría, la que nunca se hizo y los bienes dados en garantía de eventuales pérdidas adicionales al patrimonio, que los ex accionistas dejaron en el banco para la provisión de la cartera de difícil recuperación, siguen comprometidos en el Fideicomiso AGD.

2.- La Agencia de Garantía de Depósitos (AGD) nunca entregó los activos de Filanbanco S.A. que fueron amortizados con las cuentas patrimoniales de los ex accionistas privados, por US $158.000.000.- (ciento cincuenta y ocho millones). **2.4. Filanbanco en 1998. Antecedentes relevantes. Liquidación en 2002. Extinción en 2010:** Los préstamos de liquidez del art. 24 de la Ley de Régimen Monetario y Banco del Estado otorgados por el Banco Central del Ecuador (BCE) en 1998, se basaron en la solvencia del Patrimonio Técnico Constituido por el Grupo Financiero que fuera remitido a la Superintendencia de Bancos mediante Oficio No.SB-INBGF-98-0458, de 11 de septiembre de 1998.

La Superintendencia de Bancos certificó, mediante Oficio No.SB-INBGF-98-0557 y su informe adjunto, de 22 de octubre de 1998, la solvencia de Filanbanco para que pudiera acceder a los préstamos de estabilización contemplados en el art. 26 de la Ley de Régimen Monetario y Banco del Estado.

El Filanbanco S.A. fue entregado a la Agencia de Garantía de Depósitos (AGD), por los hermanos Isaías, bajo un Programa de Reestructuración para su Fortalecimiento, de conformidad con la Resolución de la Junta Bancaria, JB-98-085 de 2 de diciembre de 1998 y el artículo 23 de la Ley de Reordenamiento en materia económica en el área tributario financiero. Una consecuencia y prueba de que el Banco era solvente. Caso contrario, habría sido sometido a un procedimiento de Saneamiento para posterior Liquidación, la otra modalidad contemplada en el art. 24 de la ley de Reordenamiento Ibídem, pero para casos de instituciones en insolvencia.

El **2 de diciembre de 1998**, el Estado Ecuatoriano, a través de la Agencia de Garantía de Depósitos (AGD), se hizo cargo de

Filanbanco S.A. con el propósito de reprivatizarlo. A partir de esa fecha, Filanbanco fue administrado por funcionarios designados por el Estado, bajo la dirección de ING Barings, hasta julio de 1999, época en que esta entidad internacional, de alto prestigio, se retiró debido a que el gobierno del Presidente de la República, Gustavo Noboa Bejarano, desistió de reprivatizarlo por razones puramente políticas. Desde entonces, Filanbanco fue administrado, exclusivamente, por funcionarios designados por el Estado.

Una vez entregado Filanbanco S.A. a la Agencia de Garantía de Depósitos (AGD), el 2 de diciembre de 1998, se amortizaron las cuentas patrimoniales de los accionistas privados, que ascendían a US$158.000.000.- (ciento cincuenta y ocho millones) contra cartera de difícil recuperación. Así estaba contemplado en la Ley de Reordenamiento Ibídem y así fue declarado por sentencia judicial ejecutoriada en el Juicio No.147-d-2001, a que se refiere el numeral 3.1.4. de esta denuncia.

El balance de Filanbanco de marzo de 1999, arroja en sucres, el equivalente en dólares de más de US $105.000.000.- (ciento cinco millones) de utilidad. La auditoría de Arthur Andersen a marzo de 1999, apenas tres (3) meses después de entregado el banco a la Agencia de Garantía de Depósitos (AGD) y durante la administración estatal, demuestra que el banco era solvente y que la crisis de la administración privada fue por problemas de liquidez.

El Filanbanco nunca fue declarado en Saneamiento para Posterior Liquidación. La Junta Bancaria dispuso la liquidación forzosa, el **30 de julio de 2002** por resolución No.JB-2002-469, durante la negligente administración estatal y después de hacer que Filanbanco absorbiera al Banco La Previsora, un banco insolvente, y de hacer que Filanbanco diera préstamos a otros Bancos en problemas.

El 30 de julio de 2002, ante la declaratoria de liquidación forzosa, el Filanbanco cerraba definitivamente sus puertas al público, sin embargo, siguió vivo, con funciones como las cobranzas coactivas y administración y mantenimiento de activos, en manos del Estado y su negligente administración, hasta el año 2010, en que se expide la resolución de la Superintendencia de Bancos, No.SBS-2019-172 de **8 de abril de 2010,** publicada en el Registro Oficial No.197 de 20 de mayo de 2010, tendiente a la trasferencia de sus activos al Banco Central del Ecuador (BCE) y la extinción de su personalidad jurídica.

2.5. La satanización y persecución. Una decisión política. Afectación de los DD.HH:

La crisis financiera generalizada durante 1998, produjo inestabilidad política, que llevó a la caída del Presidente de la República, Jamil Mahuad y la asunción, con muchas dificultades internas, de su Vicepresidente, Gustavo Noboa Bejarano.

En estas circunstancias, la clase política y las autoridades de turno toman la decisión de buscar a quién hacer responsable de la crisis, la pobreza y las dificultades consiguientes en el país. Lo encontrarán en los banqueros, atribuyendo el cierre de la mayoría de las instituciones financieras privadas durante la crisis, a malos manejos, y generalizando algunos casos de corrupción. Se crearon así las condiciones para la satanización y persecución posterior.

En el caso de la familia Isaías, es posible que a su prominencia social y empresarial se haya sumado la conveniencia, política y económica, de no respetar las contraprestaciones que les correspondían por la amortización de los activos y demás cuentas patrimoniales de los ex accionistas de Filanbanco, al 2 de diciembre de 1998, y por estas razones, hayan sido las víctimas propiciatorias para sancionar, a través de ellos, a todos los banqueros etiquetados de corruptos.

Los gobiernos de turno, sin excepción, y los candidatos durante las campañas a cargos de elección popular y la clase política, en general, han utilizado la crisis bancaria ecuatoriana de 1998, como una herramienta política. El discurso populista satanizó a los empresarios y a los banqueros, en especial, a la familia Isaías.

Las autoridades y funcionarios del Estado, en ejercicio de sus funciones, iniciaron una larga cadena de hechos y circunstancias, constitutivas de una persecución política y judicial contra la familia Isaías, con la permanente intención de extraditarlos, condenarlos y encarcelarlos, y después, con la intención de confiscarles sus bienes y apropiarse de sus medios de comunicación, para que pasen a integrar el aparato de propaganda del gobierno. En el curso de estos acontecimientos, se ha violentado el Ordenamiento Jurídico Interno del Estado Ecuatoriano y violado los derechos humanos de los hermanos Isaías Dassum, a saber:

a.- <u>Las garantías judiciales de los hermanos Isaías Dassum</u>: Se han violado los derechos siguientes: (i)El derecho a ser oído por un tribunal que reúna los estándares internacionales, en un tiempo razonable; (ii) La presunción de inocencia; (iii) El derecho a la comunicación previa y detallada de la acusación; (iv) El derecho a tiempo y medios para preparación de la defensa; y (v) El derecho a recurrir de las resoluciones en su contra.

b.- El principio de la legalidad e irretroactividad: Se han violado estos dos principios al pretender juzgarlos y condenarlos mediante la aplicación retroactiva de normas penales.

c.- La protección de la honra: Se ha violado completamente la honra de los hermanos Isaías, las autoridades del gobierno los han calificado de *"banqueros corruptos"* y utilizado las fotografías de los Isaías en sus programas y cuñas de propaganda, atacando gravemente su reputación, a través, de una estratégica e intensa ofensiva comunicacional.

d.- El derecho a la propiedad privada: Se ha violado el derecho de propiedad al confiscarles sus bienes bajo el nombre de *"incautación"*.

e.- La igualdad ante la Ley. Se ha violado la igualdad ante la ley, al dictarse normas jurídicas con el claro propósito de ser aplicadas en contra de la familia Isaías

f.- El derecho a la protección judicial: Se ha negado este derecho, al haberse privado a la familia Isaías de los recursos o acciones ante los jueces y tribunales competentes, tanto en el juicio penal, como para reclamar de las incautaciones de sus bienes en Ecuador.

III

LA PERSECUCIÓN POLÍTICA Y JUDICIAL DE LA FAMILIA ISAÍAS EJECUTADA POR AUTORIDADES Y FUNCIONARIOS DEL ESTADO EN EJERCICIO DE SUS FUNCIONES

3.1. Normas jurídicas dedicadas, establecidas o aplicadas a los Isaías:

En un intento por sintetizar los hechos y circunstancias más relevantes que integran la larga cadena de atropellos que conforman la persecución política y judicial de la familia Isaías, pasamos a exponer una relación cronológica, por temas, de las diversas normas jurídicas que fueron establecidas o dedicadas a los hermanos Isaías y que después fueron aplicadas en su contra, en abierta violación del Ordenamiento Jurídico interno y de las convenciones internacionales de DD.HH suscritas y ratificadas por el Ecuador, con la participación de una sucesión de diferentes autoridades políticas y funcionarios del Estado, en ejercicio de sus funciones. A saber:

3.1.1. Ley 99 – 26 Reformatoria a la ley General de Instituciones del Sistema Financiero, a la ley de Reordenamiento en Materia Económica, en el área tributario Financiera: y al Código Penal, publicada en el Registro Oficial No.190 de 13 de Mayo de 1999:

Esta ley es el primer eslabón de la cadena que conforma la persecución política y judicial en contra de los hermanos Isaías, se presenta a la sociedad como la solución legal a los males de la banca corrupta, tipifica como nuevos delitos conductas que antes eran permitidas, como los créditos vinculados hasta el límite legal. Es un claro juicio de reproche en contra de la actividad bancaria anterior e, implícitamente, una condena social, al introducir al tipo de peculado la figura del *peculado bancario,* sancionando a los administradores, ejecutivos y empleados de bancos privados por los abusos de dinero. Esta reforma legal será la herramienta clave de la persecución de los hermanos Isaías, aplicándola retroactivamente, en clara violación del principio de legalidad e irretroactividad de la ley penal.

Esta Ley introduce varias novedades, a saber:

a.- Sustituye el Art.73 de la Ley General del Sistema Financiero, prohibiendo todas las operaciones con personas jurídicas o naturales *vinculadas* con la administración o la propiedad de una institución financiera, de sus subsidiarias o de la sociedad controladora. Anteriormente estaban permitidas las operaciones vinculadas, hasta el límite legal.

b.- Agrega un tercer inciso al Art.257 del Código Penal, introduciendo en el tipo penal del *peculado* (delito de funcionarios públicos) el denominado *peculado bancario* y extendiendo la responsabilidad penal a los funcionarios, administradores, ejecutivos, empleados del *sistema financiero nacional privado*, así como los miembros o vocales de los directorios y de los consejos administrativos de estas entidades que hubieren contribuido al cometimiento de estos ilícitos.

c.- Agrega el Art.257, literal A, del Código Penal, que tipifica el delito de concesión u obtención dolosa de *créditos vinculados*, relacionados o inter-compañías violando expresas disposiciones legales respecto de esta clase de operaciones.

Esta reforma legal no fue inocente, en lo posterior, habrá una reiterada pretensión de funcionarios del Estado, de aplicar estas disposiciones legales nuevas, con *efecto retroactivo*, a hechos ocurridos en 1998, para perseguir a los hermanos Isaías, extraditarlos, condenarlos y encarcelarlos, lo que constituye un atentado a los derechos de los hermanos Isaías Dassum, tanto desde el punto de vista del Ordenamiento Jurídico interno, como desde las convenciones de DD.HH suscritas y ratificadas por el Estado Ecuatoriano.

3.1.2. EL Juicio Penal contra los Administradores de Filanbanco, iniciado en el 2000:

En abierto desconocimiento de la realidad jurídica y técnica en torno al caso de Filanbanco, como son: (i) El Convenio de Reestructuración para su Fortalecimiento y (ii) La solvencia patrimonial del Banco; el Econ. Pedro Delgado (el mismo mencionado en los numerales 3.1.5 y 3.1.17. de este documento), entonces Intendente Nacional de Supervisión de Entidades Financieras, a solicitud del Superintendente de Bancos, Juan Falconí Puig, enemigo manifiesto de la familia Isaías, emite un informe, de presunciones de hechos ilícitos, que es enviado al Ministerio Público, determinando el inicio de una investigación penal por peculado, No.57-2000, que rápidamente, echará mano de las reformas de la Ley 99-26, ya señaladas,

Este caso penal está plagado de irregularidades, intervenciones y violaciones a los derechos humanos.

Observaciones:

a.- <u>Omisión de un requisito de procesabilidad</u>:

La investigación comienza sin que la Contraloría General del Estado haya realizado un examen especial previo y le haya informado a la justicia que ha encontrado *"indicios de responsabilidad*

penal" contra las personas que han de ser procesadas. Este es un requisito de procesabilidad indispensable para el inicio de la investigación penal.

b.- El tipo penal sobre peculado:

El denominado peculado, es un delito grave que se encuentra tipificado en el Artículo 257 del Código Penal. Nació como un delito de funcionarios públicos, exclusivamente, para después extenderse en 1999, también a los administradores de bancos privados, el *"peculado bancario"*.

El artículo 257 sanciona básicamente el *"abuso de dineros públicos"*, en general. La doctrina penal es clara en determinar que estos abusos no son otros que: (i) El Desfalco (la sustracción de dineros); (ii) La Malversación (la aplicación diferente o indebida); (iii) La Distracción (la sustracción temporal de dineros pero con la intención de reembolsarlos); y (iv) La Retención o no pago de fondos.

La malversación, que es dar a los dineros un fin público distinto del originalmente presupuestado, en muchas partes del mundo está despenalizada por su falta de gravedad jurídica, y así mismo lo hizo el Ecuador, por Decreto Supremo 2636, Reg. Oficial No.621 de 4 de julio de 1978, que suprimió la palabra *"malversación"* del tipo penal del peculado. Una vez despenalizada la malversación, también llamada *inversión pública diferente o indebida*, dicha figura no puede considerarse incluida dentro de la expresión genérica *"abuso de dineros públicos"*, que siempre existió en el tipo penal sobre peculado.

c.- La excitativa fiscal y la investigación sumarial:

La excitativa fiscal y la investigación sumarial de esta causa divagó por todas las posibilidades de comisión de peculado: (i) Se quiso ver un desfalco en la concesión de préstamos legítimos a compañías vinculadas, préstamos que estaban legalmente autorizados y reglamentados hasta 1999, año en que se prohibieron y tipificaron como delito. (ii) Se quiso ver malversación por la utilización de los préstamos de liquidez del Banco Central del Ecuador (BCE) en fines del giro del banco pero no autorizados por los Convenios suscritos con el Banco Central del Ecuador. Toda sospecha fue desvirtuada, principalmente mediante prueba, técnica e instrumental, emanada de las propias autoridades de control, la Superintendencia de Bancos y el Banco Central del Ecuador (BCE). Destacó la colaboración en defensa de los sindicados de la familia Isaías, la oportuna opinión jurídica dentro de la causa, de importantes catedráticos y juristas nacionales, sobre todo del Dr. Juan Larrea Holguín, Arzobispo de Guayaquil, y uno de los más destacados e importantes tratadistas que ha producido el Ecuador.

d.- La acusación del Ministerio Público:

El Ministerio Público, única autoridad encargada de formular la acusación fiscal, a través de la Ministra Fiscal General del Estado, Dra. Mariana Yépez, después de analizar las pruebas de la investigación sumarial, acusó a Roberto y William Isaías Dassum y otros sindicados, por el delito menor de falsificación o *alteración de balances,* debido a ciertas inexactitudes que supuestamente reflejaban los mismos durante esa época de crisis, mediante auto acusatorio de fecha **16 de junio de 2000.**

e.- El auto de apertura del Plenario:

En el año 2003, el Dr. Armando Bermeo, entonces Presidente de la Corte Suprema de Justicia, dicta un auto de apertura del plenario contra los hermanos Roberto y William Isaías y otros sindicados, por los hechos de la crisis bancaria de 1998, por el delito de *"peculado bancario"*, un delito tipificado en forma posterior a los hechos materia del juicio, mediante la ley No.99-26, Registro Oficial No.190 de 13 de mayo de 1999; de paso contrariando el principio de la *congruencia penal*, que debe existir entre la acusación y la sentencia; y provocando *indefensión* puesto que los hermanos Isaías y los otros sindicados contestaron la acusación fiscal, en base a la acusación de falsificación de balances y no se defendieron del peculado, por la sencilla razón, que no se les acusó de peculado.

Por otra parte, la forma que asume el auto de apertura de plenario de 2003, es de abierta violación de los derechos de los sindicados, puesto que hace imputaciones globales a todos los sindicados; no específica las conductas personales de cada sindicado que determinan su consiguiente responsabilidad penal; y tampoco contiene un análisis detallado de las pruebas de cargo que justifiquen, en cada caso, la destrucción jurídica de la *presunción de inocencia.*

Finalmente, varios documentos e informes de firmas auditoras, entre los que se destaca el de Deloitte & Touche de 2001, a que se refiere el numeral 3.1.5. de esta documento, que el gobierno del Presidente de la República, Rafael Correa Delgado, utilizó para confiscar las empresas de los hermanos Isaías en 2008; no fueron incorporados al proceso antes del cierre de la etapa sumarial, por lo que su mención en el auto de apertura del plenario implicaría un sospechoso conocimiento extra procesal, introducido ilegalmente en la redacción de la resolución, negando el derecho de los sindicados a conocer y contradecir la prueba de cargo.

f.- Aplicación indebida de una norma que permite el juzgamiento en ausencia:

Los artículos 254 y 255 del Código de Procedimiento Penal de 1983, que rige la causa de los hermanos Isaías, establecen que el proceso se suspende para los sindicados ausentes, hasta que sean aprehendidos o se presentaren voluntariamente para su juzgamiento. Una aplicación del principio procesal penal que requiere la presencia del sindicado en la etapa de plenario.

La Constitución de 1998, incluía en su artículo 121, una disposición que permitía el juzgamiento en ausencia para los funcionarios y servidores públicos, en general, que sean culpables de los delitos de peculado, cohecho, concusión y enriquecimiento ilícito. La disposición estaba dentro de un Capítulo denominado "De La Función Pública" y su texto refiere, claramente, a dichas personas como posibles sujetos pasivos de ser juzgados en ausencia.

La Constitución de 2008, contiene una norma similar en su artículo 233, en una Sección denominada "Servidoras y Servidores Públicos".

Los hermanos Isaías no eran funcionarios o servidores públicos y el delito por el que se los persigue es como autores de "peculado bancario", una figura de peculado distinta al de los funcionarios públicos, de manera que, no aplicaría el juzgamiento en ausencia en su contra.

La politizada Administración de Justicia ecuatoriana, sensible a las presiones que el gobierno le dirige a través de los medios de comunicación social, optó por el juzgamiento en ausencia de los hermanos Isaías. No se escatiman esfuerzos para obtener, a toda costa, una pronta condena judicial, que impulse el trámite de extradición de los hermanos Isaías de los Estados Unidos de América.

g.- Violación al derecho de recurrir de toda resolución judicial:

La nueva Constitución del Ecuador de 2008, incorpora en su Artículo 76. Numeral 7, Literal m) el derecho a recurrir de toda resolución judicial en que se afecten los derechos fundamentales de las personas, y no solamente sobre sentencias.

Por lo menos en dos (2) ocasiones la Corte Nacional de Justicia ha negado el derecho de recurrir de resoluciones que afectan derechos fundamentales de los hermanos Isaías, alegando que no son fallos finales, lo cual es un desconocimiento del nuevo corte garantista de la Constitución vigente.

h. No aplicación del Principio Dispositivo o Acusatorio de rango Constitucional:

La Constitución de 2008, en el Artículo 168 No.6, estableció el *principio dispositivo* y la *oralidad*, en todas las materias, instancias, etapas y diligencias. Pero no se ha cumplido de modo alguno esta disposición constitucional, de aplicación inmediata, aún cuando existe una Ley Orgánica que, para la transición, ordena no contrariar la Constitución. Sin embargo, al final la Corte Nacional pasa por alto la Constitución y la Ley Orgánica. A saber:

1.- La Disposición Segunda Transitoria del Código Orgánico de la Función Judicial, publicado en el R.O No.544 de 9 de marzo de 2009 dice:

*"En todo lo relativo a la competencia y funcionamiento de la Corte Nacional de Justicia, éste Código entrará en vigencia a partir de la fecha en que se posesionen los nuevos jueces nacionales elegidos y nombrados de conformidad con lo establecido en la Constitución y este Código. Mientras tanto, se aplicará lo dispuesto en la sentencia interpretativa de la Corte Constitucional No.001-2008-SI-CC, publicada en el R.O- 479 de 2 de diciembre de 2008, las resoluciones adoptadas al respecto por el pleno de la Corte Nacional de Justicia, la Ley Orgánica de la Función Judicial y demás leyes pertinentes, **en lo que no contradigan a la Constitución.".**·*

2.- Por su parte, la sentencia interpretativa de la Corte Constitucional No.001-2008-SI-CC, publicada en el R.O- 479 de 2 de diciembre de 2008; en las consideraciones jurídicas sobre problemas constitucionales planteados, Tercer Bloque, sobre funciones y la organización interna de la Nueva Corte Nacional de Justicia, expresa:

*"En cuanto a la organización interna del trabajo y específicamente, a la distribución y sustanciación de los procesos judiciales que se encuentran en trámite, **una correcta interpretación de la Constitución,** aconseja que la aplicación de los principios de independencia interna y externa y autonomía administrativa, establecidos en los N.1 y No. 2 del Art. 168 de*

la Constitución, previa designación de sus autoridades, organizará las salas y reasignará los expedientes."

"Adicionalmente, y en aplicación de los previsto en el Art. 15 de la Ley Orgánica de La Función Judicial, el Pleno de la Corte dictará **resoluciones obligatorias** para la organización de las salas y distribución de las causas."

3.- Finalmente, la Resolución de Funcionamiento de la Corte Nacional de 13 de enero de 2009, publicada en R.O.511 de 21 de enero de 2009:

"Artículo 9: PROCESOS DE FUERO EN TRÁMITE.

"Los procesos penales y colusorios que se encontraban en conocimiento del Presidente de la Corte Suprema de Justicia o su subrogante, pasarán al juez o jueces correspondientes según lo establecido en el Artículo 6 de esta resolución, luego del sorteo respectivo."

"Los procesos que se sustancial al amparo del Código de Procedimiento Penal de 1983, que se encuentran en la etapa de sumario o plenario, pasarán al juez designado por sorteo entre los jueces pertenecientes a las salas especializadas de lo penal. El mismo juez que conozca de la etapa del sumario es competente para conocer de la etapa del plenario. La apelación será conocida por los dos jueces que conforman la misma sala a la que pertenece el juez que conoce delo sumario y/o el plenario, más uno de los conjueces de esa misma sala, elegido por sorteo. Los recursos de casación y revisión serán conocidos por la sala especializada de lo penal que no hubiere intervenido en la causa "

"Para el conocimiento y resolución de los casos penales, se aplicará el **Código de Procedimiento Penal que estuvo vigente a** *la época de inicio de la causa.*"

4.- Conclusión: Todas estas sesudas disposiciones y resoluciones precedentes, revelan que no obstante la existencia de un mandato constitucional claro e imperativo, constante en el Artículo 168 No.6 de la Constitución de 2008, de aplicación inmediata; el caso penal contra los Isaías sigue tramitándose bajo el Código de Procedimiento Penal de 1983 y bajo el principio inquisitivo y escriturado, sin excepción alguna.

i.- Resorteo de causas penales:

El Art. 6 de La Resolución Sustitutiva sobre la Conformación de la Corte Nacional de Justicia de 22 de diciembre de 2008, publicada en el Registro Oficial No. 511 de 21 de enero de 2009. Esta disposición interna de la Corte Nacional de Justicia, obligó al resorteo de causas radicadas en la Tercera Sala Penal, que fue eliminada. Precisamente, en esa Tercera Sala Penal se tramitaba el caso de los hermanos Isaías y la finalidad era cambiar a los jueces mediante el resorteo.

j.- Obligación de resolver en seis (6) meses y la prohibición de recusar jueces:

La Disposición Transitoria Tercera de la Ley Reformatoria al Código de Procedimiento Penal y al Código Penal, publicada en el suplemento del Registro Oficial No. 555 de 24 de marzo de 2009, estableció un impedimento absoluto para *la recusación* de jueces de causas bajo el Código de Procedimiento Penal de 1983, e imponía la obligación de resolver en 6 (seis) meses.

Obviamente estaba dirigida a los hermanos Isaías, cuya causa se rige por el Código de Procedimiento Penal de 1983, para propender a una pronta condena, extradición y privación de su libertad,

La recusación de los jueces es un derecho procesal elemental del debido proceso y la buena administración de justicia, amparado en la Constitución, bajo la garantía de tutela judicial, efectiva e imparcial contemplada en el Artículo 75 de la Constitución de 2008. La celeridad dispuesta, por razones políticas y no jurídicas, era totalmente insensata y por ello no se pudo cumplir.

k.- Reforma del auto de apertura del plenario por aplicación Directa e Inmediata de los Derechos Constitucionales:

El 12 mayo 2009 la Primera Sala de lo Penal de la Corte Nacional de Justicia (antes Corte

Suprema de Justicia), a través de la simple copia del auto apelado, sin entrar en el análisis de la apelación, confirmó el auto de llamamiento a juicio plenario por peculado bancario contra los hermanos Isaías, dictado en 2003 por el entonces Presidente de la Corte, que actuó como juez de instancia. En cuanto ese auto fue notificado, varios de los doce procesados, solicitaron ampliaciones, aclaraciones, reformas y hasta declaratorias de nulidad.

Los jueces titulares de la Primera Sala se declararon luego incompetentes y reconocieron su falta de imparcialidad, sin resolver las impugnaciones de los sindicados a su resolución del 12 mayo 2009.

Ante estos sucesos, el proceso pasó a los conjueces (o jueces subrogantes) de la Primera Sala, quienes mediante auto dictado el **15 enero 2010,** aplicando en forma inmediata y directa las garantías constitucionales del debido proceso, y al amparo de las facultades conferidas por la Constitución de 2008, en los artículos 11 No.3 y 426, conocieron la procedencia y admisibilidad de las impugnaciones de los sindicados y reformaron el auto confirmatorio del 12 mayo 2009, expedido por los jueces titulares. La reforma, básicamente, reconoce que, por haberse violado el principio de legalidad y el de congruencia entre acusación fiscal y fallo, ninguno de los 12 (doce) sindicados podía ser juzgado por *"peculado bancario"*, sino por la acusación fiscal: alteración de balances.

L.- Juzgamiento por jueces incompetentes y formación de un tribunal de excepción. Declaración de Inexistencia:

En este estado intervino el Presidente de la República, Rafael Correa Delgado, con declaraciones públicas concretas, así como varios de los Ministros de su gabinete y asambleístas de su movimiento político, que trajeron como resultado la destitución y enjuiciamiento penal de los conjueces (jueces subrogantes) y la conformación de un tribunal de excepción con el único propósito de anular el fallo del 15 enero 2010 que había liberado a los hermanos Isaías de la acusación de peculado bancario y restablecido la acusación original de alteración de balances.

El Presidente de la Corte Nacional de Justicia nombró un Tribunal de Excepción con tres conjueces *"Ocasionales"*, sólo para este caso, y éstos, en tiempo récord, habiéndose posesionado el 6 mayo 2010, con fecha **17 mayo 2010,** sin tener jurisdicción ni competencia, declararon *"inexistente"* el auto reformatorio dictado por los conjueces el 15 enero 2010, que de paso se encontraba ejecutoriado. Estos señores "*ocasionales*" no eran jueces sino abogados en ejercicio, por lo que, luego de dictar el fallo, regresaron a sus ocupaciones.

Según el artículo 76, numeral 7, literal k de la Constitución de 2008, toda persona tiene derecho a "*Ser juzgado por una jueza o juez independiente, imparcial y competente. Nadie será juzgado por tribunales de excepción o por comisiones especiales creadas para el efecto.*"

La Constitución también dice que solamente el Consejo de la Judicatura, previo un concurso de méritos y oposición, en forma pública, con participación ciudadana y en paridad entre hombres y mujeres puede nombrar jueces y conjueces. Este tribunal de excepción fue nombrado sin cumplir con ninguno de tales procesos, y por una autoridad que no forma parte del Consejo de la Judicatura, el Presidente de la Corte.

En fin, es claro que en la Declaración de Inexistencia de la Reforma del Auto de Apertura de Plenario, de 17 de mayo de 2010, los Jueces Ocasionales de la Corte Nacional de Justicia, o designados en forma especial para el caso, declararon la "inexistencia" de la decisión de los jueces anteriores de reformar el auto de llamamiento a plenario, que lo había limitado a la alteración de balances, en cambio éstos ordenaron eliminarla de los registros procesales. Ambos hechos, tanto la declaración de inexistencia de un acto procesal, como la orden de eliminación física de los registros del proceso o expediente judicial, son figuras desconocidas por el derecho procesal ecuatoriano. De esta manera irregular se restableció el Auto de Apertura de Plenario por peculado bancario.

M.- La Sentencia Penal Condenatoria de Primera Instancia:

En fecha, **10 de abril de 2012,** Dr. Wilson Merino, Juez Nacional, integrante de la Corte Nacional de Justicia, el máximo Tribunal de la República del Ecuador, expide una sentencia penal condenatoria en contra de Roberto Isaías Dassum, William Isaías Dassum y Juan Franco Porras. Esta sentencia se constituye en una pieza jurídica clave y de inestimable valor probatorio para revelar el abuso del poder, la persecución judicial y la ligereza intelectual y jurídica con que se pretende violentar el Derecho y la Buena Administración de Justicia para condenar injustamente a los hermanos Isaías. A saber:

1.- Petición de Aplicación Directa e Inmediata de Derechos Constitucionales. Una Petición de Previo y Especial Pronunciamiento fundamentada en la ausencia de jurisdicción del juzgador:

En la página 1 de la sentencia de primera instancia; se agrega el escrito presentado por la defensa de los hermanos Isaías y se lo desestima porque dice que busca dilatar la sustanciación de la causa. En verdad, se está refiriendo a la Petición de Aplicación Directa e Inmediata de Derechos Constitucionales presentada en forma previa, al amparo de lo dispuesto en los Artículos 11 No.3, 66 No.23 y 426 de la Constitución Política de la República y artículo 5 de la Ley Orgánica de la función Judicial, para advertir la ausencia de jurisdicción del Juez Nacional, Dr. Wilson Merino, ya que, una vez posesionados los nuevos miembros de la Corte Nacional de Justicia, rigen en forma inmediata las disposiciones permanentes del Código Orgánico de la Función Judicial, de conformidad con la Disposición Segunda Transitoria del Código Orgánico de la Función Judicial, publicado en el R.O No.544 de 9 de marzo de 2009:

"En todo lo relativo a la competencia y funcionamiento de la Corte Nacional de Justicia, éste Código entrará en vigencia a partir de la fecha en que se posesionen los nuevos jueces nacionales elegidos y nombrados de conformidad con lo establecido en la Constitución y este Código ".

Del examen de los artículos 184, 185, 186 y 199 del Código Orgánico de la Función Judicial, se desprende que la jurisdicción de la Corte Nacional recae en las Salas especializadas, que están integradas por tres Jueces Nacionales. El Código Orgánico de la Función Judicial no otorga jurisdicción ni hay asuntos de competencia de jueces unipersonales de la Corte Nacional de Justicia, ni siquiera el Presidente de la Corte Nacional, que solo tiene facultades para los trámites de extradición que se le sometan conforme a los tratados internacionales ratificados por el Ecuador, pero no tiene jurisdicción ni competencia para conocer y resolver casos penales.

Esta Petición de Aplicación Directa e Inmediata de Derechos Constitucionales, presentada con anterioridad a la expedición de la sentencia de primera instancia, es un incidente de previo y especial pronunciamiento, que debió ser resuelto en forma fundamentada, dado que se debe asegurar la competencia, ergo la jurisdicción, antes de expedirse un fallo judicial, razón por la cual, debió resolverse en forma previa, preferente y debidamente fundamentada como exige la Constitución para la validez de todas las providencias judiciales.

Por tanto, para evadir un pronunciamiento sobre el incidente de constitucionalidad planteado, el Juez Nacional Dr. Wilson Merino se abstuvo de resolverlo en forma previa, preferente y debidamente fundamentada como exige expresamente la Constitución de 2008, vigente.

La defensa presentó un escrito de aclaración de la sentencia de primera instancia, entre otros puntos, por la falta de resolución de este incidente, pero fue denegada sin fundamentación pertinente.

2. La sentencia de primera instancia fue pronunciada por un juez unipersonal sin jurisdicción:

Resulta evidente que la sentencia expedida el **10 de abril de 2012** fue pronunciada por un juez unipersonal, el Dr. Wilson Merino, bajo la aplicación errónea y además inconstitucional de las normas del Código de Procedimiento Penal de 1983, a saber:

2.1. Organización y Funcionamiento de la Función Judicial en la Constitución de 2008:

En los artículos 177 y 178 de la Constitución de 2008 en vigencia, se establece que la Función Judicial se compone de órganos jurisdiccionales, órganos administrativos, órganos auxiliares y órganos autónomos y que la ley determina su estructura, funciones, atribuciones, competencias y todo lo necesario para la adecuada administración de justicia.

Los órganos jurisdiccionales son los encargados de administrar justicia y son los siguientes:

a).-La Corte Nacional de Justicia.

b).-Las Cortes Provinciales de Justicia.

c).-Los tribunales (colegiados) y juzgados (unipersonales) que establezca la ley.

d).- Los juzgados de paz.

2.2. La Normativa sobre competencia y procedimientos para casos penales de fuero de Corte Suprema:

El Dr. Wilson Merino, como Juez Nacional, debió saber al expedir la sentencia de primera instancia de **10 de abril de 2012,** que conoce de un caso penal de fuero de Presidente de la Corte Suprema, que fue iniciado en el año 2000, bajo la vigencia del Código de Procedimiento Penal de 1983. Sus antecesores para justificar la competencia, aplicaron las normas transitorias que paso a enunciar, a saber:

a.- La Disposición Segunda Transitoria del Código Orgánico de la Función Judicial, publicado en el R.O No.544 de 9 de marzo de 2009 decía:

"En todo lo relativo a la competencia y funcionamiento de la Corte Nacional de Justicia, éste Código entrará en vigencia a partir de la fecha en que se posesionen los nuevos jueces nacionales elegidos y nombrados de conformidad con lo establecido en la Constitución y este Código. Mientras tanto, se aplicará lo dispuesto en la sentencia interpretativa de la Corte Constitucional No.001-2008-SI-CC, publicada en el R.O- 479 de 2 de diciembre de 2008, las resoluciones adoptadas al respecto por el pleno de la Corte Nacional de Justicia, la Ley Orgánica de la Función Judicial y demás leyes pertinentes, en lo que no contradigan a la Constitución".·

b.- Por su parte, la referida sentencia interpretativa de la Corte Constitucional No.001-2008-SI-CC, publicada en el R.O- 479 de 2 de diciembre de 2008; en las consideraciones jurídicas sobre problemas constitucionales planteados, Tercer Bloque, sobre funciones y la organización interna de la Nueva Corte Nacional de Justicia, expresaba:

"En cuanto a la organización interna del trabajo y específicamente, a la distribución y sustanciación de los procesos judiciales que se encuentran en trámite, una correcta interpretación de la Constitución, aconseja que la aplicación de los principios de independencia interna y externa y autonomía administrativa, establecidos en los No.1 y No. 2 del Art. 168 de la Constitución, previa designación de sus autoridades, organizará las salas y reasignará los expedientes."

"Adicionalmente, y en aplicación de los previsto en el Art. 15 de la Ley Orgánica de La Función Judicial, el Pleno de la Corte dictará resoluciones obligatorias para la organización de las salas y distribución de las causas."

c.- Finalmente, se aplicó por los jueces anteriores la Resolución de Funcionamiento de la Corte Nacional de 13 de enero de 2009, publicada en R.O.511 de 21 de enero de 2009:

"Artículo 9: PROCESOS DE FUERO EN TRÁMITE.

"Los procesos penales y colusorios que se encontraban en conocimiento del Presidente de la Corte Suprema de Justicia o su subrogante, pasarán al juez o jueces correspondientes según lo establecido en el Artículo 6 de esta resolución, luego del sorteo respectivo".

"Los procesos que se sustancian al amparo del Código de

Procedimiento Penal de 1983, que se encuentran en la etapa de sumario o plenario, pasarán al juez designado por sorteo entre los jueces pertenecientes a las salas especializadas de lo penal. El mismo juez que conozca de la etapa del sumario es competente para conocer de la etapa del plenario. La apelación será conocida por los dos jueces que conforman la misma sala a la que pertenece el juez que conoce del sumario y/o el plenario, más uno de los conjueces de esa misma sala, elegido por sorteo. Los recursos de casación y revisión serán conocidos por la sala especializada de lo penal que no hubiere intervenido en la causa".

"Para el conocimiento y resolución de los casos penales, se aplicará el Código de Procedimiento Penal que estuvo vigente a la época de inicio de la causa."

d.- EL asunto a destacarse es, que una vez posesionados los nuevos miembros de la Corte Nacional de Justicia, rigen en forma inmediata las disposiciones permanentes del Código Orgánico de la Función Judicial, de conformidad con la Disposición Segunda Transitoria del Código Orgánico de la Función Judicial, publicado en el R.O No.544 de 9 de marzo de 2009 dice:

"En todo lo relativo a la competencia y funcionamiento de la Corte Nacional de Justicia, éste Código entrará en vigencia a partir de la fecha en que se posesionen los nuevos jueces nacionales elegidos y nombrados de conformidad con lo establecido en la Constitución y este Código".

2.3.- Jurisdicción y Competencia de la Corte Nacional de Justicia. Bajo las normas permanentes del Código Orgánico de la Función Judicial:

En conformidad con la Constitución de 2008 y las normas permanentes del Código Orgánico de la Función Judicial, ahora en plena aplicación al haberse posesionado los nuevos jueces nacionales, no existen jueces unipersonales como órganos jurisdiccionales de la Corte Nacional de Justicia, ni siquiera el Presidente de la Corte.

El examen de las disposiciones permanentes del Código Orgánico de la Función Judicial, en especial, los artículos 184, 185, 186 y 199 del Código Ibídem, se desprende que la jurisdicción y competencia como órganos jurisdiccionales, recae casi exclusivamente en las Salas especializadas de la Corte Nacional.

El Código Orgánico de la Función Judicial no otorga jurisdicción ni hay asuntos de competencia de jueces unipersonales dentro de la Corte Nacional de Justicia, ni siquiera el Presidente de la Corte Nacional, que ahora solo tiene facultades para los trámites de extradición que se le sometan conforme a los tratados internacionales ratificados por el Ecuador, pero no tiene jurisdicción ni competencia para conocer y resolver casos penales concretos.

2.4.-Conclusiones:

a.-Un Juez Nacional, esto es, un juez de la Corte Nacional de Justicia, no es un órgano jurisdiccional unipersonal, ni puede ser considerado como tal, de conformidad con la Constitución de 2008 vigente y las normas permanentes del Código Orgánico de la Función Judicial, en plena aplicación.

b.- Un Juez Nacional, que pretenda actuar como órgano jurisdiccional unipersonal, carece de *jurisdicción*, definida en el artículo 150 del Código Orgánico de la Función Judicial: *"Consiste en la potestad pública de juzgar y hacer ejecutar lo juzgado, potestad que corresponde a los jueces establecidos por la Constitución y las leyes, y que se ejerce según las reglas de competencia."*

c.- Un Juez Nacional, que pretenda actuar como órgano jurisdiccional unipersonal, carece de *competencia*, para conocer asuntos penales, ya que la ley entrega la competencia a las Salas Penales Especializadas de la Corte Nacional de Justicia, que solamente pueden actuar en forma colegiada, esto es, mediante tres jueces nacionales.

d.- Un juez Nacional, no puede conocer ni resolver casos en particular, ni conforme el Código de Procedimiento Penal vigente, ni tampoco conforme el Código de Procedimiento Penal de 1983, porque el Juez Dr. Wilson Merino, no es el Presidente de la Corte, como lo exige el Código de 1983.

2.5. Hecho subsiguiente:

La defensa presentó un escrito de aclaración de la sentencia de primera instancia, entre otros puntos, por la falta de jurisdicción del juez unipersonal, que fue denegada sin fundamentación.

3.- Contradicción manifiesta de la sentencia de primera instancia en torno al juzgador y la jurisdicción:

En la página 2 de la sentencia de primera instancia, se admite expresamente que uno de los jueces nacionales de la Sala Especializada, por sorteo, asume el rol de juez unipersonal conforme el Código de Procedimiento Penal de 1983. Así mismo y en concordancia con lo expuesto, la sentencia aparece firmada solamente por el Juez Nacional, Dr. Wilson Merino. Sin embargo, en la misma página 2, pero más abajo, se expresa que el Juez Nacional Dr. Wilson Merino es un *"ponente"*, es decir, el redactor del fallo que es sometido al voto de sus pares para que se adhieran o lo salven con su voto de minoría, conforme el artículo 141 del Código Orgánico de la Función Judicial. El *"ponente"* conforma el sistema de funcionamiento de las Salas Especializadas, que están integradas por tres jueces nacionales. Por último, la sentencia de primera instancia en la misma página 2, párrafo final, utiliza los vocablos en plural *"en nuestras calidades de jueces nacionales"*.

En consecuencia, la contradicción manifiesta en la sentencia de primera instancia, en torno a si se expide por juez unipersonal o como Sala Especializada, es una circunstancia que incide directamente en la jurisdicción, puesto que el juez unipersonal carece de jurisdicción, como está claramente fundamentado en el numeral 1.2. de este documento.

La defensa presentó un escrito pidiendo aclaración de este punto pero fue denegado con la misma ligereza intelectual y jurídica que dio origen a esta contradicción en la sentencia.

4.-Contradicción manifiesta de la sentencia en torno al recurso de casación como materia del juzgamiento y su competencia:

En la página 2 de la sentencia de primera instancia, se expresa que la Sala Especializada de lo Penal tiene competencia para conocer el *"recurso de casación"*, según el artículo 184 No.1 de la Constitución y artículo 186 No. 1 del Código Orgánico de la Función Judicial, y que *"en tal virtud, en nuestras calidades de jueces nacionales avocamos conocimiento de la presente causa".*

Es oportuno expresar que la sentencia expedida no deriva de la resolución de un recurso de casación, ni por parte de una Sala Especializada de lo Penal, ni por de un Juez unipersonal bajo el imperio del Código de Procedimiento Penal de 1983, sino que estamos claramente ante la sentencia penal de instancia.

En fin, esta contradicción inexplicable debió ser aclarada, puesto que el asunto materia de la sentencia no es consecuencia del recurso extraordinario de casación. Mal puede la sentencia y el juzgador asegurar la competencia en dicho recurso de casación.

La defensa presentó un escrito pidiendo aclaración de este punto pero fue denegado con la misma ligereza intelectual y jurídica que dio origen a esta contradicción en la sentencia.

5.-Contradicción manifiesta de la sentencia en torno al grado o nivel del juzgador y su competencia:

En la página 27 de la sentencia de primera instancia, se contiene la enumeración de las pruebas que sirvieron al *"juez a quo"* para dictar el auto de llamamiento a juicio. Circunstancia, que revela una total confusión del juzgador en relación con el grado o nivel, puesto que no existe tal *juez aquo*, esto es, un juez de instancia inferior y que el juzgador sea su superior por recurso de apelación.

En realidad, bajo el sistema del Código de Procedimiento Penal de 1983, el proceso penal se dividía en tres fases: sumario, fase intermedia y el plenario. Todo a un mismo nivel o grado jerárquico. Además, el auto de llamamiento a juicio se denomina en realidad, auto de apertura de plenario en el sistema procesal penal de 1983.

Por tanto, debió aclararse la sentencia, puesto que la expresión juez a quo involucra una confusión en el grado o nivel del juzgador. Confusión que se extiende a la competencia, puesto que ella no está radicada en un recurso de apelación. La defensa presentó un escrito pidiendo aclaración de este punto pero fue denegado con la misma ligereza intelectual y jurídica que dio origen a esta contradicción en la sentencia.

6.- La sentencia impone una pena por una conducta despenalizada. Ultra actividad de una ley derogada en perjuicio del reo:

La sentencia de primera instancia expresa en la página 19, que el delito imputado es el peculado general o mayor, tipificado en el Artículo 257 del Código Penal, no el denominado peculado bancario, que reconoce tipificado recién en 1999.

En la página 19, señala la sentencia que se trata de peculado general o mayor, pero por conductas constitutivas de la denominada malversación. De la página 27 en adelante, los números 8.1 a 8.9, refuerzan que las conductas son constitutivas de peculado por supuestos abusos o malversación.

En la página 56 repite que el delito imputado es el peculado general o mayor y hace un análisis jurídico que concluye expresando que la legislación española en consideración del parecido le denomina *"malversación"* y su doctrina concibe el delito como *"la apropiación o gasto o uso indebido de fondos públicos por quien siendo funcionario o autoridad tiene encomendada su custodia y/o su administración"*

En la página 58, números 10.4 y 10.5 explica nuevamente la malversación y los elementos objetivos del tipo.

En fin, esta malversación, que es dar a los dineros un fin público distinto del originalmente presupuestado, en muchas partes del mundo está despenalizada por su falta de gravedad jurídica, y así mismo lo hizo el Ecuador, por Decreto Supremo 1429, Reg. Oficial No.337 de 16 de mayo de 1977, que suprimió la palabra *"malversación"* del tipo penal del peculado. En 1978 se derogó la norma que despenalizó la malversación. En 2001, mediante Ley No.47-2001, publicada en el registro oficial No.422, de 28 de Septiembre de 2001, se re despenalizó definitivamente la malversación, entendida y definida en el Ecuador por la ley, como: *"La aplicación de fondos a fines distintos de los previstos en el presupuesto respectivo, cuando este hecho implique, además, abuso en provecho personal o de terceros, con fines extraños al servicio público".*

Por tanto, si el juzgador llegó a la conclusión de que la conducta de los procesados encuadra en lo que se denomina *"malversación,"* debió absolver a los procesados, en vez de condenarlos, ya que dicha conducta está despenalizada en el Ecuador, y, por lo tanto, la llamada *inversión pública diferente o indebida*, no puede considerarse incluida dentro de la expresión genérica *"abuso de dineros públicos",* del tipo penal sobre peculado. Peor aún sancionar penalmente la malversación una vez que ha sido despenalizada, dotando de ultra actividad a una ley penal derogada en perjuicio del reo.

La situación en comentario, de juzgamiento de una conducta

despenalizada y dotando de ultra actividad a una ley penal derogada en perjuicio del reo, atenta contra lo dispuesto en el Artículo 2 del Código Penal, contra los principios elementales del Derecho Penal, y viola los derechos humanos de los afectados, reconocidos por diversos tratados internacionales de DD.HH suscritos y ratificados por el Ecuador. Por tanto, en la hipótesis planteada, de conductas constitutivas de malversación, debe necesariamente absolverse al apelante.

La defensa presentó un escrito pidiendo aclaración de este punto pero fue denegado con la misma ligereza intelectual y jurídica que dio origen a esta sentencia.

7.- Confusión conceptual y error en el cómputo de una agravante. Omisión de una Atenuante Calificada. Agravamiento de la Penalidad:

En la página 70 de la sentencia de primera instancia, se expresa después de la condena, *"sin atenuantes que considerar por la alarma social que ha causado el delito cometido por los encartados"*. Circunstancia que primeramente revela una confusión conceptual y un error en el cómputo y aplicación de atenuantes y agravantes. Las atenuantes contempladas en el Artículo 29 del Código Penal, se compensan una por otra, con las agravantes contempladas en el Artículo 30 del Código Ibídem, si es que hay agravantes y atenuantes.

En consecuencia, como la simple alarma social invocada en forma genérica por el juzgador no es una agravante contemplada en la ley, puesto que la ley considera tales, a las circunstancias que *aumentan la alarma social*, como son las especificadas en el artículo 30 No.1 al No.6 del Código Penal. La sola y simple alarma social no constituye una agravante y no puede fundamentar la ausencia de atenuantes o la omisión de una de ellas.

Por otra parte, es evidente que el juzgador omitió la consideración de la más importante de las atenuantes, una atenuante calificada que concurre en la especie, la conducta anterior del procesado que revela claramente que no se trata de un individuo peligroso, contemplada en el Artículo 29 No.7 del Código Penal.

Las circunstancias en comentario, de error y omisión de una atenuante calificada produjo el agravamiento injusto e indebido de la pena o sanción impuesta.

La defensa presentó un escrito pidiendo aclaración de este punto pero fue denegado con la misma ligereza intelectual y jurídica que dio origen a esta confusión en la sentencia.

8.- Contradicción manifiesta de la sentencia por desconocimiento del neo constitucionalismo y la irradiación constitucional:

La sentencia de primera instancia invoca en forma erudita la realidad constitucional del Ecuador, un Estado de Justicia y derechos, garantista, donde impera el denominado neo constitucionalismo. Sin embargo, conforme queda expuesto en este documento, ello es un simple relleno sin ninguna aplicación práctica. En reiteradas ocasiones, la sentencia viola los tratados de DD.HH suscritos y ratificados por el Ecuador y las normas de la misma Constitución de 2008, vigente, a saber:

a).- Artículos 177 y 178 (Sobre organización y funcionamiento de la Función Judicial)

b).- Artículos 82 (Seguridad Jurídica).

c).- Artículo 83 No.1 (Deber de Acatar y cumplir la constitución).

d).-Artículo 84, parte final (Garantía normativa de respetar la Constitución).

e).- Artículo 11 No.8 (Efecto irradiación constitucional).

f).- Artículo 76 No.3 parte final (El debido proceso. Que solo se podrá juzgar a una persona ante juez o autoridad competente).

g).- Artículo 76 No.7, literal K), parte final (El debido proceso. El derecho a ser juzgado por tribunal competente, no por tribunales de excepción).

h).- Artículo 11 No.9 (Que el más alto deber del Estado es cumplir la Constitución).

La defensa presentó un escrito pidiendo aclaración de este punto pero fue denegado con la misma ligereza intelectual y jurídica que dio origen a esta contradicción en la sentencia, entre lo declarado y lo efectivamente aplicado o resuelto.

9.- Contradicción manifiesta de la sentencia por la no aplicación de la Supremacía Normativa y sus Efectos:

El artículo 424 de la Constitución de 2008, establece la denominada supremacía de la norma constitucional sobre toda otra norma del Ordenamiento Jurídico. Cualquiera norma jurídica que sea contraria es inconstitucional, ineficaz y no puede aplicarse.

El inciso primero del Artículo 424 de la Constitución dispone expresamente:

"La Constitución es la norma suprema y prevalece sobre cualquier otra del ordenamiento jurídico. Las normas y los actos del poder público deberán mantener conformidad con las disposiciones constitucionales, en caso contrario carecerán de eficacia jurídica".

Sin embargo, la sentencia de primera instancia en reiteradas ocasiones no aplica o no acata preceptos constitucionales, razón por la cual el juzgador debió aclarar este proceder que afecta directamente la eficacia jurídica de su sentencia. La defensa presentó un escrito pidiendo aclaración de este punto pero fue denegado con la misma ligereza intelectual y jurídica que dio origen a esta contradicción en la sentencia.

10.- No aplicación Inmediata y directa de las normas constitucionales:

En dos ocasiones durante el proceso penal y en forma previa a la sentencia de primera instancia, el juzgador desatendió peticiones expresas de aplicación inmediata y directa de derechos constitucionales: (i) Petición para aplicación del principio dispositivo, y (ii) Petición por la falta de jurisdicción del juez unipersonal, referida en el numeral 1.1.de este documento.

Esta tendencia se mantiene ahora en la sentencia, que contiene múltiples incumplimientos de preceptos constitucionales y la reiterada no aplicación inmediata y directa de las normas y derechos constitucionales.

a.- El Artículo 11 No.3 de la Constitución de 2008, expresa:

"Los derechos y garantías establecidos en la Constitución y en los instrumentos internacionales de derechos humanos, serán

de *directa e inmediata aplicación por y ante cualquier servidora o servidor público, administrativo o judicial, de oficio o a petición de parte.*"

b.- Por su parte, el Artículo 66 No.23 de la Constitución de 2008, señala:

"*El derecho a dirigir quejas y peticiones individuales y colectivas a las autoridades y a recibir atención o respuestas motivadas.*"

c.- Finalmente, el Artículo 426 de la Constitución de 2008, concluye:

"*Todas las personas, autoridades e instituciones están sujetas a la Constitución.*"

"*Las juezas y jueces, autoridades administrativas y servidoras y servidores públicos, aplicarán inmediatamente, las normas constitucionales y las previstas en los instrumentos internacionales de derechos humanos siempre que sean más favorables a las establecidas en la constitución, aunque las partes no las invoquen expresamente.*"

"*Los derechos consagrados en la Constitución y los instrumentos internacionales de derechos humanos serán de inmediato cumplimiento y aplicación. No podrá alegarse falta de ley o desconocimiento de las normas para justificar la vulneración de los derechos y garantías establecidos en la Constitución, para desechar la acción interpuesta en su defensa, ni para negar el reconocimiento de tales derechos.*"

Por tanto, el juzgador debió aclarar su reiterado proceder en contra de normas constitucionales expresas y su no aplicación inmediata y directa, que la sentencia en cambio dice respetar dentro del neo constitucionalismo imperante.

La defensa presentó un escrito pidiendo aclaración de este punto pero fue denegado con la misma ligereza intelectual y jurídica que dio origen a esta confusión en la sentencia.

11.- Vicios o defectos del proceso, de actuaciones judiciales y de la sentencia que provocan la nulidad del proceso:

En la página 3 de la sentencia de primera instancia se expresa que no existe vicio u omisión de solemnidad sustancial y declara válido el proceso penal. Esta declaración de validez debe ser la consecuencia de un profundo análisis jurídico sobre el debido proceso y la competencia del juzgador, ergo de la jurisdicción, para poder justificar legalmente la expedición del fallo ante la opción de declarar la nulidad procesal. Es indudable que existen múltiples vicios o defectos en el proceso, de algunas actuaciones judiciales y en la propia sentencia que producen indefectiblemente la nulidad del proceso penal, las que solamente vamos a esbozar, puesto que están ya tratadas en forma separada, a saber:

a).- Las múltiples contradicciones manifestadas en la sentencia:

Las contradicciones manifiestas de la sentencia de primera instancia: (i) en torno al juzgador y su jurisdicción, (ii) en torno al recurso de casación, (iii) en torno al grado o nivel del juzgador, (iv) en el desconocimiento del neo constitucionalismo imperante, (v) en la contradicción de la supremacía constitucional y (vi) en la no aplicación inmediata y directa de derechos constitucionales. Defectos ampliamente explicados en el escrito de aclaración de la sentencia presentado por la defensa y que fue denegado, son claros yerros de motivación y revelan que la sentencia no está debidamente motivada, lo que acarrea precisamente la nulidad, como exige el Artículo 76 No.7, literal l) de la Constitución de 2008 y vigente; sobre debido proceso y garantías de la defensa:

"Las resoluciones de los poderes públicos deberán ser motivadas. No habrá motivación si en la resolución no se enuncian las normas o principios jurídicos en que se funda y no se explica la pertinencia de su aplicación a los antecedentes de hecho. Los actos administrativos, resoluciones o fallos que no se encuentren debidamente motivados se considerarán nulos".

b).- Las múltiples irregularidades, intervenciones y violaciones a los derechos humanos cometidas en el proceso:

Este proceso penal iniciado en el año 2000, está plagado de irregularidades, intervenciones y violaciones a los derechos humanos, que afectan su validez, las que ya están desarrolladas anteriormente en este documento, a saber:

b-1- Omisión de un requisito de procesabilidad.

b.2.- El tipo penal sobre peculado.

b.3.- La excitativa fiscal y la investigación sumarial.

b.4.- La acusación del Ministerio Público.

b.5.- El auto de apertura del Plenario.

b.6.- Aplicación indebida de una norma que permite el juzgamiento en ausencia.

b.7.- Violación al derecho de recurrir de toda resolución judicial.

b.8.- No aplicación del Principio Dispositivo o Acusatorio de rango Constitucional.

b.9.- Resorteo de causas penales.

b-10.- Obligación de resolver en seis (6) meses y la prohibición de recusar jueces.

b.11- Reforma del auto de apertura del plenario por aplicación Directa e Inmediata de los Derechos Constitucionales.

b.12- Juzgamiento por jueces incompetentes y formación de un tribunal de excepción.

12.- Falta de aplicación del principio de la congruencia. Atentado a la Pertinencia de la Prueba y Objeto del Proceso. Indefensión de los procesados:

La sentencia de primera instancia revela claramente en la página 31, numeral 9.1, que se ha aplicado el sistema o modelo inquisitivo del Código de Procedimiento Penal de 1983, en abierta violación del artículo 168 No. 6 de la Constitución de 2008, vigente, que estableció como derecho constitucional de aplicación inmediata y directa, el *principio dispositivo* y la *oralidad*, en todas las materias, instancias, etapas y diligencias. En consecuencia, dada la supremacía de las normas constitucionales y que la Constitución rige *in actum*, no puede eludirse la aplicación del sistema dispositivo o acusatorio, dado que no existe otra norma constitucional permanente o transitoria que exonere de su aplicación.

En el sistema o modelo dispositivo o acusatorio, rige plenamente el principio de la congruencia, que no admite la denominada incongruencia causal, entre ellas el cambio de calificación de los hechos.

El antiguo y arcaico sistema procesal inquisitivo ecuatoriano admitía la regla de *iura novit curiae* o el cambio de calificación jurídica de los hechos, entre otros, como se desprendería del art. 259 del Código de Procedimiento Penal anterior y también de la revisión de las normas sobre recurso de casación, art. 377 del Código Ibídem, que nada más comprenderían el error *in iudicando*, la adecuación del tipo a la base fáctica en la sentencia y no comprenderían el error *in procedendo*, que es el caso de la incongruencia.

Sin embargo, es incuestionable que debe aplicarse el *principio de la congruencia*, no solamente como consecuencia del artículo 168 No. 6 de la Constitución de 2008, sino por las garantías de debido proceso y derecho a la defensa, contemplados en la Constitución de 1998, la Constitución de 2008 y los tratados internacionales de DD.HH suscritos y ratificados por el Ecuador. El sistema inquisitivo atenta gravemente contra el debido proceso penal y el derecho a la defensa y constituye una violación a los derechos humanos de los procesados, a saber:

a).- La acusación del Ministerio Público de 20 de noviembre 2002, fue por el delito menor de falsificación o *alteración de balances,* debido a ciertas inexactitudes que supuestamente reflejaban los mismos durante esa época de crisis.

b).- El auto de apertura del Plenario de 2003 y su ratificación posterior por el Dr. Ulloa, fue por el delito de *"peculado bancario",* un delito tipificado en forma posterior a los hechos materia del juicio, mediante la ley No.99-26, Registro Oficial No.190 de 13 de mayo de 1999. acusó de peculado.

c).- La sentencia de 2012, es por *"peculado mayor"*, tipificado en el artículo 257 del Código Penal. Sin la debida *congruencia penal*, que debe existir entre la acusación y la sentencia;

se provocó una clara y prohibida *indefensión*, puesto que los hermanos Isaías y los otros sindicados contestaron la acusación fiscal, el más importante escrito de la defensa, en base a la acusación de falsificación de balances y no se defendieron del peculado, por la sencilla razón, que no se les acusó de dicho delito.

Esto tiene estrecha relación con la *Pertinencia de la Prueba*, y lo que es *Objeto del Proceso*, puesto que la imputación clara de un acto u omisión sancionado por la ley penal, configura ese objeto y señala el universo en que las partes ejercerán sus derechos de acusación y defensa. La configuración clara del denominado Objeto del Proceso – dado por las imputaciones concretas- es lo que permite la dinámica procesal, especialmente la prueba, y establece el marco de referencia para los autos y la sentencia. Desconocer el Objeto del Proceso, o creer que este puede ser vago, amplio y, hasta sorpresivo, es simplemente un medio para vulnerar el derecho fundamental a la defensa, tal como ha ocurrido en este proceso.

Se hace necesario ilustrarnos con las explicaciones de los tratadistas, que constituyen una Fuente Auxiliar del Derecho, como es profesor Dennis Fabara, que expresa lo siguiente:

"¿Qué puede probarse en el proceso penal? ¿Cuál es la materia sobre la que puede actuar la prueba? En la respuesta a estas preguntas se resume la determinación del objeto de la prueba. La sentencia del juez, que es la síntesis que pone término al proceso, en cuanto resuelve el conocido problema del sometimiento de un hecho concreto a una incriminación abstracta de la ley penal, es decir, el problema de la aplicación de esta ley a aquel

hecho, se apoya sobre elementos de hecho y de derecho. En efecto, dichos elementos no pueden utilizarse sino en cuanto han sido allegados al proceso, y, por otra parte, no influyen en el proceso si no han sido introducidos en él, esto es, si no han sido comprobados en el proceso. La sentencia versa exclusivamente sobre el tema del hecho comprendido en la imputación; la prueba versa sobre el hecho de la imputación. Para que el objeto de la prueba sea acogido y llevado al proceso, necesita de un requisito que lo pone frente a una notable limitación sustancial, es decir, que debe ser pertinente y concluyente (relevante) en relación con los fines del proceso en un caso concreto. Ante todo, si tenemos en cuenta los hechos, potencialmente todos son susceptibles de prueba en el proceso penal; pero como el proceso tiene el fin práctico de buscar y establecer la verdad jurídica respecto a una imputación de delito en concreto y de llegar a la conclusión sobre el tratamiento que debe dársele al autor de ese delito de conformidad con la ley penal, por ello es obvia la deducción de que los elementos de hecho que pueden aceptarse en el proceso en función de objeto de prueba, son solo los que sirve para los fines inmediatos y específicos del proceso de que se trata.”

Es incuestionable, que existe un Objeto del Proceso que está demarcado por una o varias imputaciones concretas que se hacen contra una o varias personas, lo es también el que esas imputaciones deben ser efectuadas de manera tal que consten, con esa relevancia, en el proceso; y, finalmente, es incuestionable, también, el que los autos o sentencia deban referirse a ese Objeto del Proceso y a las Pruebas, que siendo pertinentes, comprueben la existencia o la inexistencia de la infracción y las responsabilidades de los acusados, individualizando sus conductas.

Por tanto, la supremacía de la norma constitucional y los tratados de DDHH suscritos y ratificados por el Ecuador determinan una grave afectación del derecho a la defensa y el debido proceso penal moderno y vigente, que afecta la legitimidad y validez del fallo.

13.- Ausencia manifiesta en la sentencia de la especificación de las conductas individuales punibles:

La sentencia de primera instancia con erudición analiza en detalle los modos teóricos y doctrinales de participación criminal, como autores, cómplices y encubridores. En la página 20 de la sentencia el juzgador señala que es una garantía del debido proceso y una obligación del juzgador individualizar el grado o calidad en la participación criminal; *"lo que en mi opinión no lo hicieron los juzgadores que declararon el llamamiento a juicio en contra de los coimputados o cosindicados"*. Sin embargo, el examen de la sentencia revela claramente que omitió referirse a las conductas específicas e individuales de cada procesado, que considera punibles y sanciona con la sentencia. Circunstancia, que no admite el Derecho Penal y la Buena Administración de Justicia, puesto que las responsabilidades personales deben estar clara y específicamente detalladas para justificar el juicio de reproche, determinar la participación criminal y la pena correspondiente. Esta circunstancia determina la ineptitud jurídica de la sentencia y la consiguiente nulidad del proceso, por disposición de los artículos 333 No.3, 4 y 5, 334 y 360 No.9 del Código de Procedimiento Penal de 1983. Además, que constituye una falta de una adecuada motivación, un requisito constitucional que también afecta su validez.

Por tanto, la sentencia es inepta o ineficaz, no contiene la especificación de las conductas individuales de los procesados y la confrontación clara con las pruebas de cargo, en cada caso, de manera que, no se ha logrado destrucción jurídica de la *presunción de inocencia*.

14.- Errores a la sana crítica del juzgador en relación con las pruebas señaladas en la sentencia:

En reiteradas ocasiones, numerales 8 y 9 de la sentencia de primera instancia, se analizan las pruebas actuadas en el proceso pero al establecer consecuencias o conclusiones, incurre en falta de adecuación lógica a los hechos o presupuestos descritos, que llega a una aparente falta de *"higiene mental"*.

En fin, esta situación contradictoria en torno a la apreciación de las pruebas se repite con tanta frecuencia que hace muy difícil de especificar en plenitud. Estas circunstancias en comentario, no sólo constituyen un yerro en la motivación de la sentencia, un requisito constitucional que afecta su validez, sino que demuestra la indebida, torcida o errónea aplicación del sistema legal para la apreciación y valoración de las pruebas, denominada la *regla de sana crítica,* que precisamente está basada en la sana lógica y la experiencia del juzgador.

Se trata de un defecto o error esencial, una vulneración que va mucho más allá de la simple no aplicación del *principio in dubio pro reo,* una circunstancia que determina la ineptitud o ineficacia de la sentencia y la consiguiente nulidad del proceso penal, al no existir la determinación real de la forma que se ha comprobado la existencia del delito, no existir en la sentencia pruebas reales que fundamenten la responsabilidad de los procesados y tampoco los fundamentos para calificar la mayor o menor peligrosidad, de conformidad con los requisitos de las sentencias contemplados en los artículos 333 No.3,4,5 y el consiguiente efecto de la nulidad que dispone el artículo 360 No.9 del Código de Procedimiento Penal de 1983; a saber:

14.1. Pruebas que según la sentencia habrían servido para dictar el auto de llamamiento a juicio o auto de apertura del plenario.

a.- No.8.1, de la sentencia, página 27:

Cita el informe de la firma Price Waterhouse Coopers. Que señalaría las pérdidas al 2 de diciembre de 1998 suman US$ 654 millones. Que la responsabilidad penal es personal y no colectiva, etc. Observaciones: En realidad, no se entiende la relación lógica que habría entre el informe de la firma auditora y la declaración que hace sobre responsabilidad penal. Por último, dicho informe de Price Waterhouse Coopers no establece pérdidas de ningún tipo, era un informe de seguimiento de los préstamos de liquidez del Banco Central. Se trata de un error esencial. No puede ser admitida como una prueba de cargo.

b.- No.8.2. de la sentencia, página 27:

Dice que hay auditorías externas de Deloitte & Touche e informe internos. Que el juez que dictó el auto a llamamiento a juicio trascribió una serie de hechos, datos y cifras, que son del Informe de Deloitte & Touche cortado al 2 de diciembre de 1998. <u>Observaciones</u>: En realidad, no señala las fojas de dichos informes, tampoco señala cuáles son esos hechos, datos y cifras. Nada dice que el informe de Deloitte & Touche de 2001, no es una auditoría sino un simple informe de procedimientos convenidos sobre riesgo crediticio, como está ampliamente expuesto en otro apartado de este documento. No puede ser admitida como prueba de cargo.

c.- No.8.3. de la sentencia, página 27 y 28:

Dice en la página 27, que el informe de auditoría interna del Ing. Víctor Argudo Puga, auditor general de Filanbanco, se desprende un manejo irregular y aún fraudulento durante 1998, que el dinero de las captaciones y ahorro de los depositantes se invirtió en créditos a empresas de los accionistas de Filanbanco, a las que no se les exigió garantías suficientes y no pagaron sus créditos. <u>Observaciones</u>: En realidad, no expresa el monto del dinero comprometido, tampoco indica qué empresas son a las que se refiere ni las fechas en que habría tenido lugar estas conductas. No puede considerarse prueba de cargo.

Dice en la página 28, que en resumen hubo disposición arbitraria de fondos del banco en beneficio de los accionistas principales, que eran los administradores del banco. <u>Observaciones</u>: En realidad, no se señala el monto comprometido, quiénes lo cometieron, no advierte que los accionistas principales eran las compañías Intral Panamá S.A. y Seguros Rocafuerte S.A. no las personas naturales que administraban. No puede considerarse una prueba de cargo.

Dice en la misma página 28, "*en este considerando a su vez*". Cita unos informes de auditoría y concluye que existen renovaciones de créditos vinculados. Observaciones: En realidad, no se sabe a qué considerando se refiere, tampoco la foja del expediente. Los créditos vinculados estaban permitidos, hasta el límite legal, la sentencia no especifica nada si eran excesivos o no. Por tanto, no puede ser admitida como prueba de cargo.

d.- No.8.4 de la sentencia, página 28:

Dice en cuanto a la obligación de los administradores de Filanbanco de presentar un balance con sus respectivos anexos, que refleje la situación financiera del banco, no fue cumplida conforme consta de las copias certificadas de los balances de Filanbanco s.a. y Filanbanco Trust, desde el 14 de septiembre al 2 de diciembre de 1998, agregados al proceso. Observaciones: En realidad, no señala de qué manera se habría incumplido por parte de los administradores, cuál es la omisión o la conducta indebida, quienes son con precisión los administradores o profesionales responsables de dichas conductas. No puede ser admitida como prueba de cargo.

e.- No.8.5 de la sentencia, página 28:

Dice que luego de advertir varios incumplimientos de Filanbanco al Plan de Estabilización del Banco Central, se afirma que se autorizó el refinanciamiento de créditos vinculados, incumpliendo el plan de estabilización que prohíbe la concesión de nuevos créditos y contingentes vinculados. Observaciones: En realidad, no señala cuáles son esos varios incumplimientos que se advirtieron por parte de Filanbanco.

Tampoco distingue que el refinanciamiento no es concesión de nuevos créditos, no hay tal incumplimiento del plan de estabilización por este hecho. Además la prohibición de concesión de nuevos créditos establecida en la regulación No.001 del Directorio del Banco Central fue dejada sin efecto poco tiempo después en la Regulación No.008 del Directorio del Banco Central, para que el banco pudiera continuar con su giro y no se paralizara. No puede ser admitida como prueba de cargo.

f.- No. 8.6 de la sentencia, página 29:

Dice que por pedido del Presidente de la Corte Suprema, el Gerente General de Filanbanco mediante oficio No.2000-443-GG de 5 de diciembre de 2000, luego de a revisión completa del tema, informa que en el período comprendido entre el 14 de septiembre y 2 de diciembre de 1998, *"la cartera de crédito de esa entidad decreció"*, que los créditos nuevos concedidos durante la vigencia de la Regulación No.001 del Directorio del Banco Central, a esa fecha ya habían sido cancelados por los deudores y *"que no existen operaciones de crédito nuevas para con empresas vinculadas"* y que todo está corroborado en el informe de los peritos Fernando Castillo y Elvira Pino, expertos nombrados por el Presidente de la Corte Suprema.

Observaciones: En realidad, es obvio y evidente que la citada prueba no puede justificar el auto de llamamiento a juicio ni la sentencia condenatoria apelada. Es una clara y contundente prueba de descargo.

g.- No. 8.7 de la sentencia, página 29 y 30:

Dice que Filanbanco ha llevado una contabilidad irregular

que podría calificarse de ilegal, que se advierte en el informe de auditoría externa de Price Watehouse Coopers, que consta remitido al Ec. Miguel Dávila Castillo, de 15 de enero de 1999 y, concluye citando a Price: *"No fuimos contratados para realizar y no efectuamos una auditoria de los estados financieros de Filanbanco ni de ninguna de sus subsidiarias ni de ninguno de los componentes de dichos estados financieros, de acuerdo con normas de auditoría generalmente aceptadas"*.

<u>Observaciones</u>: En realidad, no se entiende cómo puede un juez hacer una afirmación inicial de esa gravedad, si ello no tiene ninguna relación y no puede inferirse lógicamente de la parte supuestamente justificante, contenida al final del comentario. No tiene sentido alguno. No puede ser admitida como prueba de cargo.

h.- No. 8.8 de la sentencia, página 30:

Dice que los directivos de Filanbanco incumplieron las condiciones de los créditos de iliquidez otorgados por el Banco Central, otorgados para fines específicos y *"que los emplearon en beneficio propio"*, según se desprende del informe de los peritos Fernando Castillo y Elvira Pino nombrados por el Presidente de la Corte Suprema y corroborado por el Oficio No.2000-443-GG de 5 de diciembre de2000. <u>Observaciones</u>: En realidad, otra vez el juez parte con una grave afirmación inicial que no tiene ninguna justificación lógica con la parte final. El informe de los peritos Fernando Castillo y Elvira Pino y el oficio del Gerente General de Filanbanco, señalados, son claras y contundentes pruebas de descargo y de ellos no puede inferirse lógicamente lo aseverado por el juez. Además, tampoco la sentencia especifica cómo es que se produjo el supuesto beneficio propio, cuándo y por qué personas específicas. Por tanto, no puede admitirse como prueba se cargo.

i.- No.8.9 de la sentencia, página 31:

Dice que a partir del 8 de mayo de 1998 al 2 de diciembre de 1998, se registran Inversiones varias en Filanbanco Trust & Bankin Corp., por valores que ascienden a US$ 107.324.726, 81.- Agrega que al 1 de diciembre de 1998, hubo un *"decrecimiento de las inversiones"* en la entidad off shore y por ello no se cumplió con las regulaciones y convenios con el Banco Central del Ecuador. Concluye el juez *"sin explicación ni justificación alguna no se tomaron en cuenta los balances de Filanbanco Trust & banking Corp, que constan en el proceso y que constituyen prueba documental fehaciente de la inexistencia de el incumplimiento imputado."* Observaciones: Otra vez en forma inexplicable, el juez infiere en contra de la sana lógica que hubo incumplimientos de las regulaciones, cuando admite que hubo decrecimiento y no incremento, al final concluye, contra su propia opinión: que los balances prueban en forma fehaciente la inexistencia del incumplimiento imputado. Un genuino absurdo lógico, inexplicable, injustificable e incompatible con la correcta Administración de Justicia. No puede ser admitido como prueba de cargo.

14.2. – Pruebas sobre el uso de los préstamos de liquidez:

a.- No.9.2.1 , página 32, 33, 34, 35, 36 y 37 de la sentencia.

En la página 32 y 33 de la sentencia de primera instancia, se expresa que sobre *el incremento de cartera luego de la recepción de los préstamos de liquidez,* realizada por la comisión de monitoreo de la Superintendencia de Bancos por la utilización de dichos recursos; se explica porque se incluyen los créditos en moneda extranjera y UVCs y el incremento se debe al efecto del diferencial cambiario y el índice de inflación de la cartera en UVCs. Que a entender de la fiscalía se debe a factores externos económicos propios de la economía fiscal de mercado. El abogado Juan Franco aclaró que las transacciones de nuevos créditos, se otorgaron en razón de compromisos preexistentes con los clientes. Observaciones: En realidad, se trata de una prueba de la correcta utilización de los recursos del Banco Central y cumplimiento de las regulaciones, constituye una prueba de descargo.

En la página 34 de la sentencia, dice que el 26 de noviembre de 1998 en cumplimiento del Oficio No.DBCE-0780-98 de 23 de noviembre de 1998 de informó al abogado Juan Franco, el incumplimiento del Programa de Estabilización en lo que respecta a la constitución del fideicomiso de acciones y de cartera, así como el parcial cumplimiento del fideicomiso de bienes inmuebles. Observaciones: En realidad, nueve días después, el 2 de diciembre de 1998, Filanbanco S.A. es entregado por sus accionistas a la Agencia de Garantía de Depósitos (AGD), por lo tanto la obligación de constituir esos fidecomisos quedó insubsistente. No es prueba de cargo.

En la página 34 dice que el 12 de junio de 2000, el Econ. Miguel Dávila Castillo, Gerente General del Banco Central del Ecuador, en el Oficio No.SE-1462-2000-00-01867, dirigido a la Fiscalía General del Estado, expresa que de la explicación detallada sobre los resultados del monitoreo realizado por el Banco Central a Filanbanco, durante el período en que accedió a las líneas de iliquidez del Banco Central, se puede inferir que las necesidades de liquidez que tuvo dicha institución en ese período para honrar y pagar operaciones permitidas fueron *"superiores al monto que efectivamente le concede el Banco Central por lo que tuvo que utilizar necesariamente otras fuentes de recursos para cubrir esa diferencia de operaciones permitidas"*. Después agrega el juez, que todo ha llevado al instituto emisor actúe con la seguridad que los recurso que estaba otorgando y otorgó, fueron debidamente utilizados por la institución para cubrir operaciones permitidas. Observaciones: En realidad, se puede ver claramente que los recursos del Banco Central fueron correctamente utilizados, por tanto, lo expresado por el juez en la sentencia es una clara y contundente prueba de descargo.

En la página 35 de la sentencia, el juez cita el testimonio del ex funcionario Nelson Iván Ayala Reyes, sobre el hecho que el Banco Central diseñó y ejecutó un sistema muy severo de valoración y recepción de garantías, de modo que en todos los casos que se concedieron créditos del Banco Central, éste estuvo cubierto con garantías que superaban los mínimos legales.

Observaciones:

En realidad, este testimonio abona al hecho que el Banco Central actúo diligentemente y que las garantías rendidas fueron adecuadas y correctamente valoradas, por lo que constituye una prueba de descargo.

En la página 35 de la sentencia de primera instancia, dice que el Gerente General del Banco Central, Econ. Miguel Dávila Castillo, en el oficio No.SE-2556-99 de 5 de agosto de 1999, declaró que Filanbanco canceló el saldo pendiente del préstamo concedido con cargo al artículo 26 de la Ley de Régimen Monetario y Banco del Estado, el día 26 de julio de 1999, adjuntando el detalle de todas las transacciones contables que se han efectuado en concepto de ingreso y egreso de garantías de cartera crediticia entregadas por Filanbanco al instituto emisor, así como el listado de bienes inmuebles recibidos por dicho organismo en concepto de garantía. En el mismo sentido cita la declaración de Miguel Dávila Castillo. Observaciones: En realidad, esto es una clara y fehaciente prueba de la correcta utilización de los fondos y devolución de los mismos a Banco Central. Una clara prueba de descargo

En la página 36 de la sentencia, cita al Econ. Leopoldo Báez Carrera, Gerente General del Banco Central y su oficio No. SE-3232-2000 de 26 de octubre de 2000: " *El Directorio del Banco Central del Ecuador al amparo de las normas previstas en la ley de Régimen Monetario y Banco del Estado y las regulaciones vigentes, autorizó la concesión a Filanbanco S.A. de operaciones de crédito...*" *puntulaizando finalmente que Filanbanco S.A. ha pagado todas las operaciones de crédito realizadas con el Banco Central del Ecuador*". El economista Leopoldo Báez se ratificó con su testimonio en el plenario. Así mismo, lo hicieron los peritos designados por el Presidente de la Corte Suprema, el licenciado Guido Anibal Goyes Olalla y el economista Luis Anibal Ortiz Carlosama. Que el 28 de diciembre de 1998, Filanabnco canceló dicho crédito y los intereses mediante una bono del Estado de su propiedad, por US$155.000.000.- (ciento cincuenta y cinco millones de dólares) emitido por el Ministerio de Finanzas a pedido de la Agencia de Garantía de Depósitos. Observaciones: En realidad, esto no puede ser admitido como prueba de cargo, por el contrario es una clara prueba de descargo, conforme se aclara en el párrafo siguiente.

En la página 37 de la sentencia, dice que el ingeniero Antonio Bejarano Trujillo, Gerente General de Filanbanco bajo la administración estatal, en Oficio No.2000-443-GG señala que del 22 de septiembre al 4 de noviembre de 1998, ingresaron a Filanbanco fondos provenientes de préstamos de liquidez concedidos por el Banco Central, por US $151, 59 (ciento cincuenta y un millones y fracción de dólares), lapso en el cual los recurso líquidos que salieron de Filanbanco por requerimientos de liquidez, fueron US $ 193, 47.- (ciento noventa y tres millones y fracción de dólares), por lo que ingresaron recursos de otras fuentes distintas a los préstamos del Banco Central por US$41,88.- (cuarenta y un millones y fracción de dólares) y que en el mismo período Filanbanco concedió operaciones nuevas de crédito con desembolso de efectivo de S/19.195.- millones de sucres. Observaciones: En realidad, todo refleja una correcta inversión de los recursos provenientes del Banco Central del Ecuador. Una clara prueba de descargo.

b. No. 9.2.2, páginas 37, 38 y 39 de la sentencia

En la página 37 de la sentencia de primera instancia dice que *"el indebido registro de cuentas originó una inadecuada presentación en el Balance General de los saldos que conforman el Grupo 27 "* En realidad no especifica o describe la conducta que considera indebida y que lo llevan a la conclusión expresada. No puede considerarse una prueba de cargo.

En la misma página 37 y 38 de la sentencia dice, *"se incumplió con la codificación de regulaciones del Banco Central vigente para dicho período, reformado mediante regulación No.001-98 de 22 de septiembre de 1998 "*, que estableció que las instituciones que accedan a operaciones de crédito del Banco Central no podrán desembolsar operaciones de crédito nuevas y que ello se infiere de los oficios No.98-566-0BS-DB y GF y INBGF-9802004 de 12 y 15 de octubre de 1998 suscritos por Carlos Plaza Hernández, Intendente Regional de Bancos de Guayaquil y Patricio Moreno Huras, Intendente Nacional de Bancos y Grupos Financieros y dirigidos al abogado Juan Franco Porras, entre el 14 y 2 de septiembre de 1998, que se produjo un *" desfase de liquidez"* de 3 billones de sucres aproximadamente, una valor mayor al de los préstamos de liquidez, que ascendieron a 2.7 billones de sucres, por lo que Filanbanco debió obtener recurso de otras fuentes para cubrir sus requerimientos de liquidez, conforme determinan los economistas Miguel Dávila Castillo y Leopoldo Baez Carrera, Gerentes del Banco Central, en sus oficios No.SE 1462-2000-00-01867 y SE-3232-2000 de 12 de junio y 26 de octubre de 2000, respectivamente. <u>Observaciones</u>: En realidad no se entiende la lógica aplicada por el juzgador en estas expresiones, por otra parte, si los préstamos del Banco Central fueron inferiores a los requerimientos y demuestran que Filanbanco uso otras fuentes (recursos propios), significa que hubo una correcta inversión de los fondos provenientes del Banco Central. Además, no advierte que la Regulación No.001-98 fue modificada por la No.008-98, porque el Banco tenía que seguir la actividad de su giro y no paralizarse por el hecho de haber recibido fondos del Banco Central. Por tanto, no puede considerarse una prueba de cargo.

En la página 38 de la sentencia, se dice que el Ing. Antonio Bejarano Trujillo, Gerente General de Filanbanco , en el oficio No.2000-443-GG y el peritaje contable a la verificación de las cuentas sujetas a monitoreo, desde el 14 de septiembre de 1998 a 2 de diciembre de 1998, del auditor Fernando Castillo y Elvira Pino, se destaca, que en los requerimientos de liquidez de Filanbanco de 3,0 billones de sucres, no se consideran los S/ 500.000.- millones de sucres, de intereses pagados por Filanbanco al Banco Central por su acceso a las mesas de dinero, por lo que el Banco Central entregó 1.7 billones de sucres para atender las obligaciones permitidas para con terceros. <u>Observaciones</u>: En realidad, este párrafo es muy claro en establecer que el monto de intereses efectivamente pagados por Filanbanco al Banco Central fue enorme en ese período. Por otra parte, la cita de informe de los peritos Fernando Castillo y Elvira Pino es parcial, en el sentido que los prestamos de liquidez otorgados a Filanbanco fueron: (i) 1,7 billones de sucres por el art 24, y (ii) 972.000 millones de sucres por el art. 26. El total fue aproximadamente 3,0 billones de sucres. Por tanto, no se puede considerar una prueba de cargo.

En la página 38 y 39 de la sentencia de primera instancia, se dice que los peritos del plenario Mario Humberto Torres Jaramillo y Mario Alexander Morales Hidrobo, sostienen en su informe y concuerdan los demás informes del Banco Central: que de los documentos analizados se establece *"que el Banco Central del Ecuador ejerció un análisis y seguimiento permanente durante la vigencia de estas operaciones con el fin de verificar el uso para lo cual Filanbanco solicitaba esos fondos".* Que en ninguna parte del oficio 142-2000 de fecha 12 de junio del 2000, que el Econ. Miguel Dávila Castillo, Gerente General de Filanbanco le remite a la fiscal general, Dra. Mariana Yepes, se hace mención a incumplimiento alguno a las Regulaciones 001y/o 008 del Banco Central, tampoco se desprende de ninguno de sus anexos, tampoco del informe 2000-443-GG de 5 de diciembre de 2000, dirigido por el Ing. Antonio Bejarano Trujillo, Gerente General de Filanbanco durante la administración estatal, que dirigió al Dr. Fernando Ortiz Bonilla, Secretario General de la Corte Suprema, donde le informa, el monto y destino de los préstamos de liquidez otorgados por el Banco Central. Observaciones: En realidad, lo dicho por el juzgador significa que hubo correcta fiscalización de parte de las autoridades de control y que no hubo ningún incumplimiento, en el manejo y destinos de los fondos de liquidez del Banco Central. Por tanto, es una clara prueba de descargo.

c.-No. 9.2.3. de la sentencia, página 39 y 40:

En la página 39 de la sentencia, el juzgador expresa, *"De todo lo anterior se concluye que hubo abuso de fondos públicos pertenecientes al Banco Central del Ecuador y por ello peculado".* Agrega el juez, *"que en consecuencia, es pertinente, a criterio del juez a quo, tanto más que con posteridad a los actos que motivan este proceso, recién se tipifica como peculado la concesión de créditos vinculados, relacionados o inter compañías",* por ley 99.26 de 13 de mayo de 1999. Observaciones: En realidad, después de haber analizado, punto por punto, las pruebas anteriores descritas por el juez, concluyendo en forma lógica y veraz que son inadmisibles como prueba de cargo o simple y llanamente son pruebas de descargo, este párrafo en comentario resulta ser una conclusión extravagante del juzgador, absurda, contraria a la lógica y a los más elementales principios del Derecho Penal.

d.- No.9.2.4 de la sentencia, página 40:

En la página 40 de la sentencia, dice que hay incorrecta anotación en cuenta de los fondos otorgados por el Banco Central a Filanbanco. Que hay prueba pericial de Guido Anibal Goyes Olalla y Luis Anibal Ortiz Carlosama, que *manifestaron "El simple registro por error de los créditos de liquidez otorgados por el Banco Central del Ecuador en la cuenta 2704 (CRÉDITOS A FAVOR DE BANCOS Y OTRAS INSTITUCIONES FINANCIERAS DEL PAIS), en lugar de hacerlo en la cuenta (CREDITOS A FAVOR DEL BANCO CENTRAL DEL ECUADOR)."* Observaciones: En realidad se trata de una afirmación incompleta e inductiva a error. Omite señalar que se trata de un simple error que ocurrió durante un solo día, que fue inmediatamente corregido e informado a la autoridad, consistente en no registrar los fondos en la sub cuenta del pasivo correcta. Sin embargo, este simple error no altera el pasivo de modo alguno, tampoco los resultados del balance. El juzgador también omitió señalar que a igual conclusión llegaron los peritos Goyes y Ortiz en su informe. Por tanto, no puede admitirse como prueba de cargo.

14.3. Pruebas de las inversiones en Filanbanco Trust & Banking Corp.:

a.- No.9.3.1., página 40 y 41 de la sentencia:

En la página 40 de la sentencia de primera instancia, dice que entre el 8 de mayo y 2 de diciembre de 1998, el saldo de la cuenta Inversiones varias de Filanbanco Trust & Banking Corp. (entidad off shore) pasó de 8,1 millones a 107,3 millones de dólares, que por ello se incumplió la regulación No.001-98 del Banco Central. Además, dice que el economista Pedro Delgado en su memorando No.INSEF-2000-0863 de 14 de junio de 2000, expresa que se observan cargos a la cuenta Inversiones varias, notas de débito emitidas contra las cuentas corrientes de Filanbanco Trust & Banking Corp. en los bancos Filanbanco S.A. de Ecuador y en Miami, EE.UU, los bancos Republic National Bank, Barckays Bank y Nation Bank. Dice que se trata de inversiones no respaldadas por ningún tipo de documento. Observaciones: En realidad, esta aseveración del aumento de las inversiones y el modo irregular que se habría efectuado no tiene ningún sustento técnico, en la misma sentencia numeral 8.9. se advierte en base a los balances diarios de Filanbanco Trust & Banking Corp. que, en el mismo período, hubo un decrecimiento de las inversiones y no hubo incumplimiento de la Regulación No.001-98 del Banco Central. Por tanto, este párrafo contradictorio con otro de la misma sentencia, no puede admitirse como prueba de cargo, tanto por la calidad de la prueba en conflicto, cuanto por el principio penal *pro reo*.

b.- No.9.3.4., página 41 y 42 de la sentencia:

En la página 41 de la sentencia de primera instancia dice que la cuenta inversiones varias por US $107 millones, posteriormente se extinguió cuando Filanbanco Trust & Banking Corp, aportó al Fideicomiso AGD bienes adjudicados en dación en pago por valor de US $107.324.726,8.- que le fueron entregados por los anteriores accionistas, derechos fiduciarios de Filanbanco Trust registrados hasta el 31 de diciembre de 1998, que posteriormente se transfirieron a Filanbanco S.A. para que este entregue al Fideicomiso AGD y de esta manera descargue el pasivo, mediante una venta de cartera a Filanbanco Trust a ser cancelada por los derechos fiduciariso anteriormente mencionados. <u>Observaciones</u>: En realidad, durante la administración estatal, Patricio Moreno de la Superintendencia de Bancos, dispuso el 18 de diciembre de 1998, la reversión del castigo patrimonial de Filanbanco S.A. y como consecuencia contable se crea la cuenta de 107 millones en Filanbanco Trust, que la vende mediante la dación en pago al Fideicomiso Multiinversiones y éste lo cancela con el nuevo nombre de Fideicomiso Otavalo, mediante 30 millones de obras de arte y 77 millones de acciones de compañías inmobiliarias. Es decir, los señores Isaías dejaron el Filanbanco saneado el 2 de diciembre de 1998 y son conductas de funcionarios durante la posterior administración estatal que producen la mutación de la situación contable al ordenar la reversión del castigo patrimonial. No es prueba de cargo.

En la página 42 de la sentencia de primera instancia, dice *"lo anterior determina con claridad que se incumplió la Regulación No.001-98, del Banco Central que prohibía la concesión y reembolso de nuevas operaciones de crédito y peor que no tuvieran ningún respaldo jurídico"*. <u>Observaciones</u>: En realidad, esta afirmación es infundada y contraria a lo expresado en la misma sentencia, numeral 8.9., se advierte en base a los balances diarios de Filanbanco Trust & Banking Corp. que, en el mismo período, hubo un decrecimiento de las inversiones y no hubo incumplimiento de la Regulación No.001-98 del Banco Central. Por tanto, no puede admitirse este párrafo como una prueba de cargo.

En la página 43 de la sentencia, dice que el Directorio tuvo pleno conocimiento de estos actos, corroborado por el informe de los abogados Eduardo Jimenez Parra y Luis Alfonso Ortíz Narváez, luego de la inspección judicial y reconocimiento de las actas del Directorio por el período entre 14 de septiembre y 2 de diciembre de 1998. Observaciones: En realidad, una afirmación infundada, inductiva a error, imprecisa, no expresa qué es lo que dicen estos peritos, precisamente expresan lo contrario. No es prueba de cargo.

En la página 43 de la sentencia, dice que por haber intervenido Juan Franco como Gerente General de Filanbanco en las sesiones de Directorio antes mencionadas, es obvio que su conducta se adecua al ilícito que configura el artículo 257 del Código Penal, ya que prestó su concurso para realizar actos contrarios a la ley. Observaciones: En realidad no hay relación entre la premisa y las conclusiones. Qué conductas realizadas son las ilícitas. Cómo es que se cometió el peculado. Cómo puede implicar al abogado Juan Franco de una manera tan ligera e infundada. No puede admitirse como prueba de cargo.

c.- No.9.4.1, páginas 43 y 44 de la sentencia:

En la página 43 de la sentencia de primera instancia dice que las daciones pago aceptadas por Filanbanco Trust & banking Corp. que influyeron en Filanbanco S.A. son las correspondientes a 107,3 millones por concepto de 30 millones por obras de arte y 77,3 millones de dólares en acciones de empresas inmobiliarias. Después cita los avalúos de los profesores Hernán Zuñiga Alban y Luis Martinez Moreno, a las obras de arte, US$ 32.407.958 y del arquitecto Alfredo Enderica, que avalúa los inmuebles en US$ 94 millones. Concluye el juzgador que hay *"una diferencia económica diametralmente opuesta y por cuya razón no se da credibilidad a este informe"*. Observaciones: en realidad, no señala el fundamento para restarle credibilidad a este informe, que de suyo revela que las daciones en pago fueron más que suficientes a los valores comprometidos. Por otro lado, no advierte el juzgador que en la sentencia absuelve a los otros participantes de esta dación en pago que aquí comenta. No puede admitirse como prueba de cargo.

d.- No.9.4.2., página 44 de la sentencia:

En la página 44 de la sentencia, dice que consta en el proceso el informe No. IBG-DB y GF-2000-055 de 15 de mayo de 2000, del Ingeniero Alejandro Romo- Leroux Andrade, del que se desprende que los avalúos de los inmuebles de propiedad de las compañías cuyas acciones se entregaron en pago a Filanbanco Trust y posteriormente al fideicomiso AGD, tienen un valor superior a los US$77 millones. Concluye el juzgador que este peritaje carece de credibilidad. Observaciones: En realidad, el juzgador no señala ningún fundamento para restar credibilidad a un informe que viene a ratificar que las daciones en pago fueron correctas y suficientes para los valores comprometidos. Es una prueba de descargo.

14.4. El Perjuicio Económico contra Filanbanco S.A. y

Filanbanco Trust & Banking. Corp:

a.-No. 9.5.1., página 45 de la sentencia:

En la página 45 de la sentencia, dice que las pruebas aportadas establecen procesalmente perjuicio económico contra Filanbanco S.A. y Filanbanco Trust & Banking Corp., y que sus funcionarios han cometido peculado por haber aceptado daciones en pago y sin la autorización de la Agencia de Garantía de Depósitos (AGD), que aprobó la de 30 millones de OTAVALO y la de 77.324.661,81 de INDUPRIN, el 2 de diciembre de 1998. Observaciones: En realidad, no puede darse la hipótesis de perjuicio a Filanbanco S.A. por estos hechos, porque el que recibió los bienes en dación en pago fue Filanbanco Trust & Banking Corp. El 2 de diciembre de 1998 fue el último día de la administración privada del Filanbanco S.A. y no se requería autorización de la Agencia de Garantía de Depósitos (AGD) que asumió el control a partir del día 3 de diciembre de 1998, además el 2 de diciembre de 1998, es la fecha de contabilización del valor, porque la fecha de otorgamiento fue 21 de diciembre de 1998, bajo la administración y control estatal. Por esta razón es que le absolvió a todos los implicados en estas daciones en pago en la misma sentencia. Por tanto, no puede ser admitida como prueba de cargo.

b.- No.9.5.2., página 45 de la sentencia:

En la página 45 de la sentencia, dice que por Oficio No.2000-174-GG de 27 de julio de 2000, suscrito por Gonzalo Hidalgo Terán, Gerente General de Filanbanco, este informa que no fue Filanbanco s.A. el que recibió las daciones en pago del 21 de dicembre de 1998 sino Filanbanco Trust & Banking Corp.

y que ésta institución panameña no requería autorización para recibir bienes en dación en pago. Dice que en el mismo sentido se han pronunciado los peritos Mario Humberto Torres y Mario Alexander Morales Hidrobo. Observaciones: Se trata de un párrafo aclaratorio del párrafo anterior y una obvia prueba de descargo.

c.- No.9.5.3. página 46 y 47 de la sentencia:

En la página 46 de la sentencia, concluye el juzgador que conforme a las reglas de la sana crítica, que del informe pericial no existe sobrevaloración de las obras de arte, que Filanbanco Trust & Banking Corp. no necesitaba autorización para aceptar daciones en pago y que no se produjo perjuicio. Observaciones: Una conclusión que en sí misma es una prueba de descargo.

14.5. Omisiones de la firma auditora Hansen –Holm:

a.- No.9.6.1 al No.9.6.5. página 47, 48 y 49 de la sentencia:

En la página 47 de la sentencia se dice que la auditora Hansen –Holm incurrió en omisiones en el seguimiento de los créditos de iliquidez, que dieron lugar a la suspensión de su licencia. Finalmente, que el informe pericial del señor José Narváez, concluye que la firma cumplió con los términos precisados por el Directorio del Banco Central en sus labores de revisión y por ello se revocaron las órdenes de prisión emitidas. Observaciones: El sentido es claro, pero es bueno agregar que el Superintendente de Bancos, Juan Falconí Puig, sancionó a la firma auditora con 20 años de suspensión de la licencia, por resolución SB-2000-568 de 16 de junio de 2000 y con posteroidad, será el mismo funcionario el que revoque totalmente dicha sanción, por resolución SB-2000-580 de 22 de junio de 2000. Por tanto, se desprende que hubo un claro reconocimiento de que no hubo omisiones al deber de control y que actuó en forma debida y profesional. Una clara prueba de descargo.

14.6. Venta de cartera de Filanbanco S.A. a Filanbanco Trust & Banking Corp:

a.- No.9.7.1. Página 49 de la sentencia:

En la página 49 dice que del Oficio No.SE-1465-2000-00-011868 del 12 de junio de 2000, suscrito por el Econ. Miguel Dávila, Gerente General del Banco Central del Ecuador, consta que la compra de cartera realizada por Filanbanco S.A. a su subsidiaria off shore Filanbanco Trust & Banking Corp. no ha sido considerada como operación de crédito nueva y una infracción a las regulaciones del Banco Central y que la transacción se considera realizada conforme a la ley. Observaciones: El sentido es claro, una obvia prueba de descargo.

b.- No.9.7.2. Página 51 de la sentencia:

En la página 51 de la sentencia, dice el juzgador, *"De lo anterior"* se concluye que la venta de cartera de Filanbanco s.a. a Filanbanco Trust & Banking Corp. por US4 115,9, *" constituye una infracción penal"*. Además, dice que se ha causado un enorme perjuicio al Estado ecuatoriano y a los depositantes de dineros en Filanbanco. Observaciones: Otra vez una afirmación infundada e ilógica, que no puede inferirse de lo expresado con anterioridad, sino todo lo contrario. El juzgador yerra al imputar una infracción penal a los manejos contables descritos, y omite especificar qué perjuicios son los que dice erróneamente producidos. Una afirmación que no puede admitirse como prueba de cargo.

c.- No.9.7.3. No.9.7.4. No.9.7.5, página 51, 52, 53 y 54 de la sentencia:

El juez describe una serie de presunciones sobre la supuesta entidad Republic International Corporation (RIC), que habría efectuado captaciones ilegales y supuesta salidas o desvíos de fondos. Sin embargo, en el numeral 9.7.5. de la sentencia aclara que nunca estos hechos fueron concretados y probados. Además, dice que el Presidente de la Corte Suprema mediante exhorto al Departamento de Estado de los Estados Unidos de América respondió que *"no existió evidencia de dicho desvío"*. Concluye el juzgador, que *"lo manifestado significa entonces que se ha justificado conforme a derecho la existencia real de las presunciones señaladas"* por el Econ. Pedro Delgado. Observaciones: La contradicción lógica que demuestra el párrafo y la conclusión final expresada por el juez, un integrante del máximo tribunal de la República del Ecuador, dentro de las consideraciones de una sentencia penal condenatoria, es sencillamente insuperable. Un defecto que por sí solo resta todo valor jurídico a la sentencia y a las actuaciones de la Administración de Justicia del Ecuador.

15. La valoración de la prueba. El sistema de la sana crítica. Explicaciones doctrinales:

Es importante mencionar que el sistema legal de valoración de la prueba penal en el Ecuador es el denominado sistema de la *sana crítica*. No aplican otros sistemas conocidos, como el sistema de la prueba legal tasada, o el sistema de la libre apreciación o en conciencia. Por tanto, se hace necesario que una vez concluido el apartado sobre los errores a la sana crítica cometidos por el juzgador en la apreciación o valoración de la prueba en la sentencia, procedamos a ilustrarnos con las explicaciones de una Fuente Auxiliar del Derecho, la Doctrina de los Tratadistas.

El profesor Eduardo Couture dice al respecto: Las reglas de la sana crítica son, ante todo, las reglas del correcto entendimiento humano. En ellas intervienen las reglas de la lógica, con las reglas de la experiencia del juez. Unas y otras contribuyen de igual manera a que el magistrado pueda utilizar la prueba con arreglo a la sana razón y a un conocimiento experimental de las cosas. El juez que debe decidir con arreglo a la sana crítica, no es libre de razonar a voluntad, discrecionalmente, arbitrariamente. Esta manera de actuar no sería sana crítica, sino libre convicción. La sana crítica es la unión de la lógica y de la experiencia, sin excesivas abstracciones de orden intelectual, pero también sin olvidar esos preceptos que los filósofos llaman *"higiene mental"*, tendientes a asegurar el más certero y eficaz razonamiento.

Por su parte, el profesor Eugenio Florían, en su obra *"De las pruebas penales"*, tomo 1, Editorial Temis, edición de 1998, expresa: La apreciación del resultado de las pruebas para el convencimiento total del juez no debe ser empírica, fragmentaria o aislada, ni ha de realizarse considerando aisladamente cada una de las pruebas, ni separarse del resto del proceso, sino que debe comprender cada uno de los elementos de prueba y su conjunto, es decir, la urdimbre probatoria que surge de la investigación. La convicción y la existencia o la inexistencia del delito y acerca de la responsabilidad y de cualquier causa que en ella influya, debe obtenerla el juez mediante un examen integral, pleno y completo.

Por tanto, basta leer estas sencillas precisiones doctrinales de importantes tratadistas, para esclarecer toda duda que pueda existir acerca de la ineptitud, falta de higiene mental y atentado a las más elementales normas y principios que rigen la valoración de la prueba en que incurre la sentencia de primera instancia y que afectan la validez de la misma.

16. Atentado al derecho a la presunción de inocencia en la sentencia. Inobservancia del principio in dubio pro reo:

El derecho a la presunción de inocencia estaba contemplado en la Constitución de 1998, y también lo está ahora en el artículo 76 No. 2 de la Constitución de 2008, vigente, a saber: *"Se presumirá la inocencia de toda persona, y será tratada como tal, mientras no se declare su responsabilidad mediante resolución firme o sentencia ejecutoriada"*.

El reconocimiento de la presunción de inocencia como garantía procesal ha elevado a la categoría de derecho fundamental un principio que ha informado la actuación de los tribunales. Se convierte así en una norma jurídica, directa e invocable, como derecho fundamental. La presunción de inocencia ha dejado de ser un Principio General del Derecho que ha de informar la actividad judicial para convertirse en un derecho fundamental que ha de hacerse compatible con el derecho que asiste a todo Tribunal a la apreciación de la prueba.

Pocos principios como el de la presunción de inocencia son defendidos hoy con mayor pasión y vehemencia. Siendo la función específica de la prueba convencer al juez sobre la certeza de los hechos sobre los que debe pronunciarse, parece evidente que cuando el juez que ha de dictar sentencia no está convencido plenamente de la existencia de datos fehacientes, la sentencia no puede ser nunca condenatoria, puesto que le falta al juzgador la convicción que se necesita para imponer la correspondiente sanción penal. Ello supone la aplicación del Principio Universal de protección al inocente y del principio «*in dubio pro reo*».

La presunción de inocencia es una especie de interinidad que acompaña al inculpado al iniciarse el proceso y durante su desarrollo, en tanto no quede desvirtuada por un resultado probatorio adverso.

Sobre el particular, el tratadista Luís María Diez-Picazo, explica lo siguiente:

"El derecho a la presunción de inocencia significa que, en el proceso penal, la carga de la prueba pesa sobre el acusador. Aunque resulte evidente, no está de más recordar que se trata de una presunción *iuris tantum* y, por tanto, que admite prueba en contrario. En otras palabras, toda persona a quien se impute la comisión de un delito ha de presumirse inocente en tanto en cuanto no se aporten pruebas suficientes de su culpabilidad. La cuestión central de la presunción de inocencia es, así, dónde hay que situar el nivel de suficiencia exigible a la actividad probatoria de cargo. ¿A partir de qué momento cabe decir que ha quedado acreditada la culpabilidad? La jurisprudencia constitucional es absolutamente clara y constante al imponer una doble condición para destruir la presunción de inocencia: primero, que se haya practicado una mínima actividad probatoria de cargo o, si se prefiere, que la declaración de culpabilidad se base en alguna prueba solicitada por el acusador y efectivamente practicada; segundo, que los resultados de esa mínima actividad probatoria de cargo puedan razonablemente ser valorados en un sentido inculpatorio para el acusado. Ni que decir tiene que este criterio es menos duro que el tradicionalmente exigido en el mundo angloamericano: que el resultado de las pruebas practicadas conduzcan al convencimiento más allá de toda duda razonable de que el acusado es culpable. Aquí ya que no basta que de la prueba quepa extraer una conclusión de signo inculpatorio, sino que es preciso que dicha conclusión no esté ensombrecida por la duda de un hombre normal. Por lo demás, cualquiera que sea el canon de valoración de la prueba, si no es satisfecho, sigue operando la presunción de inocencia: he aquí el significado último de la conocida máxima in dubio pro reo".

Sigamos con un ejemplo concreto, la omisión judicial en la sentencia recurrida del correcto análisis de la prueba que demuestra de manera coherente que los recursos del Banco Central prestados a Filanbanco S.A. fueron correctamente utilizados; sobre el tema vale transcribir lo que señala la sentencia 155/2002 del Tribunal Constitucional de España:

"El control constitucional de la existencia de pruebas de cargo válidas e idóneas para enervar la <u>presunción de inocencia</u>, por muy externo que sea tal control, no puede limitarse, sin riesgo de abdicación, al menos limitada, de nuestra función, a comprobar acríticamente la mera existencia del medio de prueba

aludido en una Sentencia de condena, sin una mínima consta-
tación (que no valoración) de su sentido, pues sólo ese sentido
puede permitir aceptar que la prueba en cuestión pueda ser
de cargo. La constatación de la existencia de prueba de cargo
con un criterio de razonabilidad necesariamente debe incluir
la constatación de la existencia de una relación de coherencia
lógica entre el hecho probado y los medios que se indican como
soporte probatorio de tal hecho".

Por tanto, otra vez, la explicación de la Doctrina de los Tratadistas y la Jurisprudencia comparada, como Fuente Auxiliar
del Derecho, aclara fuera de toda duda, que los errores de la
sentencia en el tratamiento y valoración de la prueba, comen-
tados en apartados anteriores, atenta contra la presunción de
inocencia y el principio in dubio pro reo, ya que la sentencia
condenó al recurrente sin las bases materiales y formales que
el debido proceso exige, esto es, sin haber logrado de manera
alguna la destrucción jurídica de la presunción de inocencia.

**17. Atentado al derecho a la igualdad en la aplicación de la
ley en la sentencia:**

Sin perjuicio de lo ya anotado sobre la sentencia condenatoria de primera instancia, nos referimos al hecho concreto que
la sentencia después de discurrir como lo ha hecho, llena de
vicios y defectos, condena a Roberto Isaías Dassum, William
Isaías Dassum y Juan Franco Porras, pero absuelve a todos
los otros implicados en los mismos hechos, salvo un simple
contador, seguramente, por olvido del juzgador.

Es evidente que los argumentos y pruebas que absolvieron a
los otros implicados debieron ser jurídicamente suficientes

para absolver a los hermanos Isaías y Juan Franco. Lamentablemente, los tres residen en Miami, Florida, Estados Unidos de América, a resguardo de la politizada administración de justicia ecuatoriana y se han constituido en los objetivos de una larga campaña de persecución política y judicial, referida en el apartado IV de este documento, en la que Juan Franco comparte todas las consecuencias, por simple asociación a los hermanos Isaías.

El derecho a la igualdad formal y material previsto en el artículo 66 No. 4 de la Constitución de la República. Sobre el particular, el tratadista Luis María Diez-Picazo, expresa:

"Ahora bien, en atención a la igualdad en la aplicación de la ley, se exige que el cambio de criterio sea expreso y motivado, evitando así la arbitrariedad inherente a que un mismo órgano judicial decida de manera distinta casos similares. Es ésta una doctrina jurisprudencial consolidada en una larguísima serie de sentencias, que se inicia con la STC 49/1982".

La Doctrina de los Tratadistas, una Fuente Auxiliar del Derecho, viene a poner en evidencia que no es admisible un cambio de criterio judicial en forma arbitraria en casos similares, incluido el producido dentro de la misma causa judicial. Por tanto, vistos los hechos y consideraciones de la sentencia, no se podía absolver a unos copartícipes y condenar a los otros copartícipes en los mismos hechos, sin atentar al derecho a la igualdad en la aplicación de la ley.

18. Incumplimiento de la obligación constitucional de motivación. Efecto la nulidad:

El contenido de la sentencia de primera instancia revela claramente insuficiencia constitucional en la motivación. La Constitución de 2008, vigente contempla la obligación de motivación de las resoluciones o fallos y su omisión está sancionada con la nulidad, art. 76 No.7, literal l).

Para analizar esta obligación de motivación, conviene, una vez más, ilustrarnos con el criterio de la Sentencia 155/2002 del Tribunal Constitucional Español, que expresa:

"El deber constitucional de motivación de las sentencias (art. 120.3 CE) debe operar al compás de los concretos problemas suscitados en cada proceso, de modo que cuando en las concretas circunstancias de uno determinado se manifiesta como especialmente problemática la valoración de unos testimonios respecto de otros de sentido contrario, la insustituible función del órgano judicial sentenciador de valoración de la prueba no puede considerarse exenta de la necesidad de justificar en términos de razonabilidad la opción valorativa asumida. Y en tal caso, y según la jurisprudencia de este Tribunal antes citada, corresponde al espacio lógico de su posible control el análisis crítico de que «en el razonamiento o discurso de valoración, se han respetado las reglas de la lógica o, lo que es lo mismo, que el discurso del órgano judicial no sea arbitrario, incoherente con las pruebas practicadas o irrazonable» (STC 124/2001, FJ 10 in fine, citada antes)".

Por su parte, bien señala el Profesor García de Errantía: "La motivación no se cumple con cualquier fórmula convencional, por el contrario, la motivación ha de ser suficiente, esto es, ha de dar razón plena del proceso lógico y jurídico que ha determinado la decisión."

Por tanto, es evidente que los vicios o defectos de la sentencia expuestos previamente en este documento, en forma clara y reiterada, determinan que la sentencia no está debidamente motivada y, por ello, es nula y sin valor.

n) Recursos de Hecho y Apelación de la Sentencia de Primera Instancia. Alegación de Inocencia e Invocación de la prohibición de reformar la sentencia en perjuicio del reo.

Con posterioridad a la sentencia de primera instancia, en la fase de impugnación de la misma, se presentaron sendos recursos de hecho y apelación por los diversos afectados, estos recursos invocarán de una u otra manera las diversas observaciones efectuadas precedentemente a la sentencia de primera instancia.

Dentro de los fundamentos de hecho y derecho del recurso de apelación presentado por la defensa, se debe destacar lo siguiente:

1.-Alegación de Inocencia de Roberto Isaías Dasum:

Se alegó la total inocencia del señor Roberto Isaías Dassum, de los cargos iniciales del proceso, los cargos posteriores y de los que son materia de la sentencia condenatoria de primera instancia. No hubo malversación, desfalco, distracción ni abusos de dineros públicos, y tampoco falsificación de balances. El fundamento consta en el proceso y en este documento y se ve abonado por la explicación siguiente:

a.- Los administradores de Filanbanco no utilizaron en forma inapropiada los ingresos por préstamos de liquidez y estabilización otorgados por el Banco Central del Ecuador (BCE). Estos créditos ascendían a US $423,2 millones, según Oficio No.SE-1462-2000-01867 de 12 de junio de 2000 de Miguel Dávila a Mariana Yepes, Ministra Fiscal General del Estado y estaban debidamente garantizados por Filanbanco con documentos de cartera por US $541,5 millones y con inmuebles US $34,3 millones, conforme consta en el Oficio No.SE-2556-99-03426 de 5 de agosto de 1999, enviado por Miguel Dávila a Mariana Yepes, Fiscal General del Estado.

La administración y disposición de esos créditos estaban bajo el control del propio Banco Central del Ecuador. Los créditos para cubrir necesidades de encaje no eran recursos de libre disposición de Filanbanco sino que se mantenían en una cuenta inmovilizada en el Banco Central, con una orden de débito automático para su pago al vencimiento de la operación, así consta en el Oficio No.SE-1462-2000 del Gerente General del Banco Central del Ecuador a la Ministra Fiscal General del Estado.

Los créditos de liquidez y estabilización fueron destinados para atender el retiro de los depósitos de los clientes, el pago de operaciones contingentes, gastos de personal y servicio de la deuda, entre otros, sumando pagos efectuados por US $497,3 millones. No existió por parte de Filanbanco uso indebido de los créditos de liquidez, al contrario Filanbanco requirió más fondos de los recibidos en préstamos del Banco Central del Ecuador. Todo esto consta en el informe de los peritos Fernando Castillo y Elvira Pino.

Los créditos de liquidez del Banco Central del Ecuador que recibió Filanbanco, no eran en efectivo o dinero entregado en la tesorería del Filanbanco S.A. Sencillamente, el Banco Central dio acceso a sus mesas de dinero, por cámara de compensación de los cheques de clientes de Filanbanco depositados en otros bancos, los que eran pagados si había derecho al cobro, con la intervención de dos comisiones de fiscalización que estaban en línea.

b.- El Filanbanco pagó al Banco Central S/500.000 millones de sucres, en el corto período que recibió 3 billones de sucres como préstamos de liquidez. Estos generaban un interés del 1.1. de la tasa activa referencial del Banco Central, que llegó aproximadamente al 70 % anual y generaron más de US $92 millones para el instituto emisor.

c.- Durante el tiempo que Filanbanco recibió préstamos de liquidez, estuvo bajo un estrecho seguimiento y control de las autoridades de la Superintendencia de Bancos y el Banco Central del Ecuador, y de firmas auditoras. Estos créditos del Banco Central del Ecuador estaban muy reglados y sometidos a estrecha vigilancia, como se observa del Oficio DBCE-0340-98-9805424 de 29 de septiembre de 1998 y su informe adjunto DGBQ-729-98.

d.- Al 2 de diciembre de 1998, cuando los accionistas privados entregan el Filanbanco a la Agencia de Garantía de Depósitos (AGD) en Reestructuración para su Fortalecimiento, conforme a la ley vigente, el remanente de las cuentas patrimoniales de los ex accionistas eran de US $158 millones, que fueron amortizadas contra la cartera de difícil recuperación. Sin contar las garantías adicionales voluntarias por US$65 millones.

e.- El Filanbanco en marzo de 1999, durante la administración estatal, arrojó utilidades por US $105 millones, demostrando que el banco era solvente y sólo tuvo problemas de liquidez durante la administración privada. Una comprobación que, los créditos de liquidez de la Ley de Régimen Monetario y Banco del Estado otorgados por el Banco Central del Ecuador a Filanbanco en 1998, que se explican en el Oficio DBCE-0340-98-9805424 de 29 de septiembre de 1998 y su informe adjunto DGBQ-729-98 y se basan en la solvencia del Patrimonio Técnico Constituido por el Grupo Financiero que fuera remitido por la Superintendencia de Bancos, mediante Oficio No.SB-INBGF-98-0458, de fecha11 de septiembre de 1998.

La Superintendencia de Bancos certificó mediante Oficio No.SB-INBGF-98-0557 y su informe adjunto, de 22 de octubre de 1998, la solvencia de Filanbanco para que pudiera acceder a los préstamos de estabilización contemplados en el art. 26 de la Ley de Régimen Monetario y Banco del Estado.

Que Filanbanco fuera sometido a un proceso de Reestructuración contemplado en el Art. 23 de la Ley de Reordenamiento en Materia Económica en el Área Tributario-Financiero para su fortalecimiento es una prueba adicional que el banco era solvente, sino habría sido sometido a un proceso de Saneamiento contemplado en el art. 24 de la Ley de Reordenamiento en Materia Económica en el Área Tributario Financiero, aplicable para los casos de bancos en vía de liquidación.

f.- Filanbanco pagó todos los préstamos de liquidez que recibió del Banco Central.

2- La Prohibición de la reformatio In peius:

La etapa de impugnación de la sentencia, por la vía de los recursos legales, tiene por objeto la depuración de un resultado procesal obtenido en la instancia, de tal modo que el escrito del recurrente debe contener una crítica de la sentencia impugnada, que es la que ha de servir de base para la pretensión sustitutoria de pronunciamiento recaído en primera instancia. El recurso de nulidad y el apelación interpuesto por la defensa transmite al tribunal *ad quem* la plena competencia para revisar y decidir las cuestiones planteadas por el recurrente. El tribunal superior no puede revisar de oficio los razonamientos de la sentencia impugnada ni puede empeorar la situación del recurrente, sin excepción. Ningún tribunal superior puede empeorar la situación jurídica del procesado.

El ordenamiento Jurídico ecuatoriano contempló tradicionalmente la prohibición de la *reformatio in peius, o* prohibición de reformar la sentencia en perjuicio del reo, en el Artículo 347, sobre reglas generales de los recursos, Título IV de la Etapa de Impugnación del Código de Procedimiento Penal de 1983, que incluye los recursos de nulidad y de apelación.

La Constitución de 2008, vigente, artículo 77 No.14, estableció la *reformatio in peius* con mayor alcance, efectos y en la cúspide de la jerarquía normativa, a saber:

Art. 77: *"En todo proceso penal que se haya privado de la libertad a una persona, se observarán las siguientes garantías básicas:"*

14.-Al resolver la impugnación de una sanción, no se podrá empeorar la situación de la persona que recurre"

Esto significa claramente, que el tribunal de alzada no puede perjudicar al recurrente, de modo alguno. El perjuicio es una circunstancia jurídica que va más allá de la pena, se extiende a los hechos y a la calificación jurídica de los hechos materia del proceso y constantes en la sentencia recurrida.

Por tanto, es preciso dejar establecido que no se puede modificar la penalidad, modificar los hechos o modificar su calificación jurídica, para empeorar la situación del recurrente. De modo que, las únicas hipótesis de trabajo, factibles y legítimas, para el tribunal superior, son las siguientes:

a.- Revocar la sentencia venida en grado y disponer la nulidad del proceso penal:

Esto significaría un claro reconocimiento a las múltiples irregularidades del debido proceso penal, los atentados al derecho a la defensa, atentado a la presunción de inocencia, al principio de congruencia, a la violación de las garantías y derechos constitucionales del recurrente y a los DD.HH que le reconocen los convenios internacionales suscritos y ratificados por el Ecuador y a la injerencia indebida que han tenido otros poderes del Estado en la Administración de Justicia del Ecuador.

b.-Confirmar la sentencia venida en grado en todas sus partes:

Esto significaría pasar por alto todas las irregularidades, contradicciones, los vicios y defectos jurídicos manifiestos en la sentencia, en contra del Ordenamiento Jurídico, los principios del Derecho Penal y los DD.HH del recurrente al amparo de los convenios internacionales suscritos y ratificados por el Ecuador.

c.- Confirmar la sentencia venida en grado pero rebajar la pena impuesta:

Esto significaría que enmienda la penalidad a favor del reo, por las atenuantes, pero no exonera al tribunal superior que pasaría por alto todas las demás irregularidades, contradicciones, los vicios y defectos jurídicos manifiestos en la sentencia, en contra del Ordenamiento Jurídico, los principios del Derecho Penal y los DD.HH del recurrente al amparo de los convenios internacionales suscritos y ratificados por el Ecuador.

d.- Confirmar la calificación jurídica de los hechos como malversación, pero revocar la sentencia venida en grado, para absolver al recurrente porque no es un hecho punible: Esto significaría que el tribunal superior admite que los hechos expuestos en la sentencia y calificados de malversación no son punibles conforme a la ley y a los principios elementales del Derecho Penal, y por ello, indefectiblemente, corresponde absolver al recurrente por falta de un hecho ilícito punible.

e.- Revocar la sentencia venida en grado y disponer la total y completa absolución de Roberto Isaías Dassum de todos los cargos:

Sin duda alguna, esta opción es la que debe darse como consecuencia de los hechos reales de la causa, de las pruebas rendidas y constantes en el expediente. Un claro reconocimiento que el recurrente no tienen ninguna responsabilidad penal en los hechos que se le imputaron.

ñ) <u>La sentencia penal condenatoria de segunda instancia contra Roberto y William Isaías:</u>

El **12 de Marzo de 2014**, la Sala Especializada de lo Penal, Penal Militar, Policial y Tránsito de la Corte Nacional, integrada por los Jueces Nacionales, Dr. Paul Iñiguez, como ponente o redactor y el Dr. Johnny Ayluardo y Dra. Ximena Vintimilla, expiden una sentencia penal condenatoria con pena privativa de libertad de 8 años de reclusión mayor ordinaria para Roberto y William Isaías y otros procesados, por el delito de peculado del artículo 257 del Código Penal, por el contrario, exculpan y declaran inocentes a los procesados Jorge Egas Peña ex Superintendente de Bancos y Luis Jácome Hidalgo. La argumentación jurídica y los antecedentes de hecho en que se fundamenta la sentencia se encaminan a la hipótesis de un peculado mayor por *"malversación"* de fondos y así se expresa en la parte considerativa, al manifestar:

"abusaron de fondos públicos, esto es, de los créditos de liquidez concedidos por el Banco Central del Ecuador, entre el 14 de septiembre y 2 de diciembre de 1998, por montos de 972.000 y 1.800.000.- millones de sucres, en la modalidad de la malversación, entendida como la aplicación de fondos a fines distintos de los previstos en el presupuesto respectivo, en provecho personal, en los términos del inciso segundo del artículo 257 del Código Penal vigente en la época de los hechos".

1. Análisis Preliminar:

a).- Primeramente, recordemos que el artículo 257 del Código Penal sanciona básicamente el *"abuso de dineros públicos"*, en general. La doctrina penal es clara en determinar que estos abusos no son otros que: (i) El Desfalco (la sustracción de dineros); (ii) La Malversación (la aplicación diferente o indebida); (iii) La Distracción (la sustracción temporal de dineros pero con la intención de reembolsarlos); y (iv) La Retención o no pago de fondos.

b).- La sentencia de segunda instancia confirma que la realidad material y la procesal o formal, impide alcanzar una condena por peculado por otras figuras punibles, como son el "desfalco", o la "distracción de fondos"; lo que abona a la posición permanente de la defensa al respecto. No hubo ni pudo haber de manera alguna, desfalco o distracción de fondos.

c).- La malversación o inversión indebida o diferente, en que se basa la sentencia de segunda instancia, es dar a los dineros un fin público distinto del originalmente presupuestado, en muchas partes del mundo está despenalizada por su falta de gravedad jurídica, y así mismo lo hizo el Ecuador, por Decreto Supremo No.2636, **R.O.621 de 4 de julio de 1978**, que suprimió la palabra *"malversación"* del tipo penal del peculado. A este respecto, la Corte en la sentencia, aprovechándose de la mala técnica jurídica del legislador, desarrolla un verdadero galimatías, en su esfuerzo artificial e inútil por fundamentar la existencia de un período o lapso de tiempo de punibilidad para poder aplicar la sanción por malversación. Aunque en verdad, si estuviéramos en un escenario serio y justo, la discusión en torno a este punto devendría en irrelevante a la luz de la *ultra actividad penal*, a que me refiero en el literal siguiente.

d).- La ley 47-2001, publicada en el Registro Oficial No.422, 28 septiembre de 2001, despenalizó definitivamente y sin lugar a dudas "la malversación", al excluirlo del texto del tipo penal de peculado del art.257. En consecuencia, entra en juego la *ultractividad penal,* consistente en que una vez derogada, expresa o tácitamente, una norma o disposición penal, ella no puede aplicarse en el futuro.

e).- Conclusión preliminar: La sentencia de segunda instancia condena a los afectados por un delito derogado e inaplicable, del que no puede derivarse ninguna consecuencia penal, de conformidad con las normas y principios universales del Derecho Penal.

2.- Observaciones a la sentencia condenatoria de segunda instancia:

2.1.-La malversación:

En relación con la sentencia de segunda instancia y la postura de la Corte sobre la "malversación", es necesario aclarar y dejar fuera de toda duda la realidad jurídica en torno a un asunto tan debatido y complicado por la mala técnica jurídica del legislador. Por tal razón, se hace necesario recurrir y revisar directamente los textos fuentes y no conformarse con opiniones o notas de editoriales.

a).-Evolución histórica:

1.- Año 1971:

El texto del inciso primero del artículo 257 del Código Penal de 1971, contempla y penaliza la malversación como una forma de peculado.

2.- Año 1977:

Ley Orgánica de Administración Financiera y Control, **R.O. 337 de 16 de mayo de 1977**, en su Título XI, artículo 396, se *sustituye* el texto del art. 257 del Código Penal, incluyendo la malversación, se la *define* en el inciso segundo del art. 257: Se *entenderá por malversación a la aplicación de fondos a fines distintos a los previstos en el presupuesto respectivo, cuando este hecho, implique además, abuso en provecho personal o de terceros, con fines extraños al servicio público.*

3.-Año 1978:

Decreto Supremo No.2636, **R.O.621 de 4 de julio de 1978**, en su artículo 16, se reforma el inciso primero del art. 257 del Código Penal, se suprime la palabra "malversación", se aumentan las penas (a reclusión mayor extraordinaria 12 a 16 y de 16 a 25 años) y se suprime la definición de malversación, contenida en el inciso segundo del art.257 del Código Penal.

Efectos jurídicos:

a).-Se despenaliza la malversación como conducta punible en el peculado. Se suprime la definición de malversación.

b).- Ninguna conducta constitutiva de la malversación, puede ser penalizada bajo la forma genérica de "abusos de dinero" u "otras semejantes".

4.- Año 1979:

Decreto Legislativo s/n reformatorio al Código Penal, **R.O. 36 de 1 de octubre de 1979**, dedica dos artículos:

a).- En su artículo 1, simplemente deroga el art.16, entre otros, del Decreto Supremo No.2636, **R.O.621 de 4 de julio de 1978**, que despenalizó la malversación. No dice que se "*restablece*" el texto del art.257 del Código Penal, como sí lo hace respecto del listado de artículos que en él se mencionan, donde expresa, además, que "*conservarán*" el texto que tenían antes de ser reformados por dicho Decreto Supremo.

b).-En su art. 3 que, dispone que en el inciso primero del art.257 del Código Penal, *se restablezcan* las penas de reclusión mayor ordinaria de 4 a 8 años y de 8 a 12 años, que habían sido aumentadas por **D.S.No.2636 de 4 de julio de 1978.**

5.- Año 2001:

Ley 2001-47, Reformatoria al Código Penal, **R.O.422 de 28 de septiembre de 2001,** dispone en su artículo 17, *la sustitución* del inciso primero del artículo 257 del Código Penal, y el texto que presenta esta ley se mantiene sin la palabra "malversación", esto es, mantiene la despenalización. Además está Ley 2001-47, aumenta la pena a reclusión extraordinaria de 12 a 16 años si la infracción se refiere a fondos de la defensa nacional."

6.- Año 2002.

Ley No.2002-73 Orgánica de la Contraloría General del Estado, **R.O.595 de 12 de junio de 2002,** dispone en el art.99 que se *"deroga expresamente"* el título XI, de la Ley Orgánica de Administración Financiera y Control, expedida con el D. S. 1429, R.O. 337, de 16 de mayo de 1977. Efectos jurídicos de esta derogatoria:

a).- Esta Ley simplemente se limita a señalar que deroga expresamente ciertos cuerpos legales, entre ellos el Título XI , de la Ley Orgánica de Administración Financiera y Control, que contiene el art.396, que sustituyó el art. 257 del Código Penal en 1977.

b).- Esta derogatoria en 2002 estaba encaminada a eliminar la definición de malversación contenida en el inciso segundo del texto del art. 257 del Código Penal, del texto de 1977, un auténtico absurdo legislativo puesto que dicha definición fue eliminada por el Decreto Supremo No.2636, **R.O.621 de 4 de julio de 1978** y no se podía restablecer la definición del verbo rector, con la sola derogatoria dispuesta en el Decreto Legislativo s/n reformatorio al Código Penal, **R.O. 36 de 1 de octubre de 1979.**

c) La mala técnica legislativa incide en los resultados, puesto que el legislador en 2002 pretende reformar un texto legal de 1977, texto legal que había sido reformado varias veces en forma posterior, en 1978, 1979 y 2001.

d).- Por lo expuesto, esta derogatoria desde un punto de vista jurídico penal no tiene ningún efecto. Además, No altera el texto del art. 257 del Código Penal, que fuera sustituido directamente por la Ley Reformatoria al Código Penal, **R.O.422 de 28 de septiembre de 2001.**

7.- Año 2002:

Resolución de la Corte Suprema de Justicia, **R.O. 604, de 25 de junio de 2002**, en uso de sus facultades legales y ante las dudas presentadas por la Ley Orgánica de la Contraloría General del Estado, R.O.595 de 12 de junio de 2002, considera que dicha ley no puede afectar en lo sustantivo a las disposiciones del Código Penal, por tanto, *resuelve* que el artículo 99 de la Ley de Orgánica de la Contraloría General del Estado no afecta la plena vigencia del art. 257 del Código Penal, de sus reformas y de los artículos agregados a continuación. El sentido y alcance jurídico de la resolución no es el que invoca la sentencia de segunda instancia, por el contrario, tiene por objeto que el texto del art. 257 del Código Penal, vigente en 2002, no se vea afectado por la derogatoria contenida en el art. 99 de Ley Orgánica de la Contraloría General del Estado, R.O.595 de 12 de junio de 2002.

8.- Año 2014:

El examen del texto actual del art.257 del Código Penal, sin la palabra "malversación" en el inciso primero, sin la definición en el inciso segundo, o a algunas veces constando con la definición de malversación por iniciativa de la editorial para fines de información histórica y con nota expresa de la editorial, como es el caso del texto legal de Ediciones Legales de Corporación MYL, es otra confirmación de la exactitud de la evolución histórica realizada anteriormente. En cambio, el texto de la Edición de Corporación de Estudios y Publicaciones CEP, que invoca la Corte es equivocado, y ello no puede afectar la verdadera vigencia de la Ley. La historia fidedigna de la evolución de la ley no se desprende de opiniones, notas o textos contenidos en ediciones privadas o públicas, sino del examen de la evolución de los respectivos Registros Oficiales, en cuyos folios debe necesariamente publicarse el texto de la ley para entrar en vigencia y tornarse obligatoria.

b).-Afirmaciones contrarias a la posición de la sentencia:

Se hace necesario comentar algunos desaciertos vertidos sobre la malversación y efectos de la despenalización, y así poder establecer ciertas afirmaciones contrarias a lo expuesto en la sentencia de segunda instancia, a saber:

1.- La malversación se despenalizó en 1978 y no se re penalizó en 1979:

El literal e) del análisis ilustrativo que efectúa el Tribunal en la sentencia de segunda instancia, expresa textualmente lo que sigue:

"El artículo 16 del Decreto Supremo No.2636, publicado en el Registro Oficial No.621 de 4 de julio de 1978, reforma el artículo 257, en cuanto al tiempo de las penas y suprime la "malversación" como delito; sin embargo en los artículos 1 y 3 del Decreto Legislativo s/n, publicado en el Registro Oficial No.36 de 1 de octubre de 1979, se deroga el mencionado artículo 16 del Decreto Supremo No.2636, no se dispone que el artículo 257 se restablezca a su ´texto original´, pero sí se restablecen las penas originales del delito de peculado."

Curiosamente, estos antecedentes de hecho expuestos en la sentencia son correctos. No así las conclusiones a que llega el Tribunal, puesto que en base a estos hechos hay que necesariamente concluir que la malversación no fue re-penalizada en 1979, dado que el Decreto Legislativo s/n Reformatorio al Código Penal, **R.O.36 de 1 de Octubre de 1979**, no dijo que se restablece el texto anterior y menos aún expresó o redactó el nuevo texto legal sustitutivo del derogado, por tanto, estaríamos en presencia de una situación jurídico penal prevista por la doctrina, que concluye que no se puede re penalizar una figura o tipo penal por el simple hecho de derogar la norma penal que la despenalizó.

2.- En 2002 no se puso en vigencia el texto del art.257 del CP de 1971 hasta la actualidad:

En el literal f) del análisis ilustrativo del Tribunal en la sentencia, se señala:

"Mediante el artículo 99 de la Ley No.73, publicada en el Suplemento del Registro Oficial No.595 de 12 de junio de 2002, que contiene la Ley Orgánica de la Contraloría General del Estado, se deroga el Título XI de la Ley Orgánica de Administración Financiera y Control, Título que a su vez contenía el artículo 396 que sustituía el artículo 257 del Código Penal, por tal motivo, se puso en vigencia en esa fecha hasta la actualidad el artículo 257 de la Codificación del Código Penal de 1971.

La conclusión del Tribunal no tiene ningún fundamento, el art. 99 de la Ley No.73 **R.O.595 de 12 de junio de 2002**, no produjo ningún efecto jurídico real, peor restablecer el texto del art. 257 al de 1971. El legislador en 2002, a través de la reforma de un texto legal de 1977, no puede afectar el texto vigente, que incluso ya ha sido cambiado varias veces en 1978, 1979 y 2001. Además, la sentencia pasa por alto un hecho incuestionable, la evolución del texto del inciso primero del art. 257 del Código Penal, que ya se encontraba modificado por vía legal expresa, directa y especial, por la Ley 2001-47, Reformatoria al Código Penal, **R.O.422 de 28 de septiembre de 2001,** que sustituyó expresamente el texto del inciso primero del artículo 257 del Código Penal, sin la palabra "malversación". Es este texto del inciso primero del art. 257 del Código Penal de 2001, el que perdura hasta la actualidad. No el texto de 1971.

3.- La malversación no estaba ausente del catálogo de delitos "únicamente" entre el 4 de julio de 1978 y el 30 de septiembre de 1979:

El tribunal en la sentencia de segunda instancia, expresa lo siguiente:

"además, tal figura también estaba vigente al momento de los hechos, materia de la litis, esto es, entre el 14 de septiembre y el 2 de diciembre de 1998, pues el Decreto Legislativo s/n, publicado en el Registro Oficial No.36 de 1 de octubre de 1979-ignorado por la defensa de los recurrentes- derogó el artículo 16 del Decreto Supremo No.2636, publicado en el Registro Oficial No.621 de 4 de julio de 1978 , que suprimió la "malversación" como delito; en consecuencia la figura de la malversación únicamente estuvo ausente del "catalogo de delitos" entre el 4 de julio de 1978 y el 30 de septiembre de 1979".

Esta conclusión del Tribunal es totalmente errada, por las razones siguientes: (i) la malversación está despenalizada desde 1978, hasta la actualidad, ya que desde un punto de vista jurídico penal, la simple derogatoria de la norma despenalizadora no re criminaliza la conducta constitutiva de malversación, como está anotado previamente, y (ii) por otra parte, el Tribunal desconoce los efectos jurídicos del texto del inciso primero del art. 257 del Código Penal, introducido por vía legal expresa, directa y especial, por la Ley 2001-47, Reformatoria al Código Penal, **R.O.422 de 28 de septiembre de 2001,** que lo sustituyó sin la palabra "malversación", texto legal que indefectiblemente produjo, *a posteriori*, la despenalización de dicha conducta.

4.-La resolución del pleno de la Corte Suprema no estableció a la malversación como una forma de abuso de fondos del peculado:

El tribunal expresa lo siguiente:

"pero si la promulgación de la Ley Orgánica de la Contraloría

General del Estado de 12 de junio de 2002, publicada en el Registro Oficial No.604 de 25 de los mismos mes y año, generó alguna confusión acerca de la vigencia del delito de peculado y de la figura de la malversación, la Resolución del Pleno de la Corte Suprema de Justicia de 20 de junio de 2002, aclaró cualquier confusión, cuando expresamente resolvió: ' declarar que el artículo 99 de la Ley Orgánica de la Contraloría General del Estado no afecta la plena vigencia del artículo 257 del Código Penal, de sus reformas y de los artículos agregados a continuación '; por tanto, en nuestra legislación penal, en la época de los hechos y ahora, una de las formas de abuso de fondos, constituye sin lugar a dudas la malversación; postura que asume este Tribunal, apartándose del criterio de los recurrentes acerca de este tema, el mismo que se lo considera sin el adecuado análisis técnico, histórico y jurídico".

La realidad, es que en ningún caso y bajo ninguna circunstancia, podía la sentencia de segunda instancia argumentar, que mediante la Ley 2002-73, Orgánica de la Contraloría General del Estado, se había vuelto al texto del Código Penal de 1971, peor aún, si se considera el correcto alcance y sentido de la resolución de la Corte Suprema publicada en el R.O. 604, de 25 de junio de 2002, tendiente precisamente a evitar cualquier confusión, salvaguardando el texto del art. 257 del Código Penal, con el fundamento expreso de que el Código Penal es una ley especial. El texto legal salvaguardado era el art. 257 del Código Penal, cuyo inciso primero fue sustituido por Ley 47-2001, **R.O. 422 de 28 de septiembre de 2001**, con sus reformas y artículos agregados a continuación.

Por otro lado, sorprende la aseveración del Tribunal que una de los formas de "abuso de fondos" es la malversación, dado que desde un punto de vista jurídico penal, ya sea se considere despenalizado a *priori* en 1978, o *a posteriori* en 2001, al eliminarse el vocablo "malversación", ninguna de las conductas que formaban parte esa figura, puede ahora criminalizarse tomándola bajo las otras formas, genéricas, que contempla el tipo penal.

2.2.- El peculado mayor y la necesidad de contar con un funcionario público:

La sentencia de segunda instancia exonera de responsabilidad penal a todos los funcionarios públicos que fueron objeto de procesamiento y condena previa. Solo condena a particulares con responsabilidades en Filanbanco, por peculado mayor. En consecuencia, no hay ni puede haber delito de peculado mayor o tradicional.

La sentencia expone una serie de argumentos para fundamentar la condena a particulares, pero toda ella, normas jurídicas, doctrina y jurisprudencia invocada por la sentencia, no hace sino confirmar lo evidente, el peculado mayor o tradicional, es un delito de funcionarios públicos, requiere cuando menos la participación punible de un funcionario público, y lo que la ley sanciona es la *"coparticipación de particulares"*. No hay peculado mayor o tradicional sin la participación de un funcionario público, a lo menos, en calidad de autor.

La sentencia expresa, entre otros, lo siguiente:

"Así mismo, la posición mayoritaria de la jurisprudencia ecuatoriana, de la más alta jerarquía en su momento, esto es, de la Corte Suprema de Justicia, inclusive antes de la promulgación

de la Constitución de 1998, bajo el concepto de que 'la coparticipación en el delito no implica división de la infracción, ésta siempre conserva su unidad objetiva', condenaba a particulares por el delito de peculado, en el grado de coautores. (Gaceta Judicial Año LXXIX, Serie XIII. No.5 p 1062, Quito 5 de abril de 1979; Gaceta Judicial. Año LXXXIII. Serie XIV. No.1. p.95, Quito 10 de septiembre de 1981; Gaceta Judicial No. LXXXV, Serie. XIV. No.9.o.1996. Quito 23 de julio de 1985; Gaceta Judicial. Año XCVIII. Serie XVI. No.12. p-3129, Quito, 2 de junio de 1998.)"

2.3- Conclusiones Finales sobre la sentencia de segunda instancia:

Por lo expuesto precedentemente y después de revisar las fuentes, se puede concluir lo siguiente:

1).- La malversación fue despenalizada en Ecuador por Decreto Supremo No.2636, **R.O.621 de 4 de julio de 1978.**

2).- La malversación no ha sido re penalizada desde 1978, de modo alguno.

3).- El texto del inciso primero del art.257 del Código Penal vigente no es el del Código de 1971.

4).- El texto del inciso primero del art. 257 del Código Penal, es el texto que sustituyó la Ley 2001-47, Reformatoria al Código Penal, **R.O.422 de 28 de septiembre de 2001.**

5).- El delito de peculado por "malversación", en 1998 estaba despenalizado, como lo está ahora, por lo tanto, no puede condenarse por este delito a los afectados por esta sentencia de segunda instancia, ni dicha sentencia tener efectos penales adversos.

6).- El Tribunal yerra doble, (i) No toma en cuenta la despenalización de la malversación de 1978. (ii) Siguiendo su argumentación errada, de estimar vigente el texto del Código Penal de 1971 o re penalizada la malversación en razón del DL s/n **R.O. 36 de 1 de octubre de 1979**, yerra otra vez, cuando condena, en vez de aplicar la *ultra actividad* de la ley penal, o inaplicabilidad de ley penal derogada, en virtud que el texto actualmente vigente del inciso primero del art.257 del Código Penal, es el que introdujo la Ley No.2001-47.

7).- En ningún caso, ni aún bajo los errores de la sentencia de segunda instancia podía la Corte condenar en base al peculado por malversación de fondos, peor aún, podía el Tribunal condenar a particulares sin contar con un condenado que fuese un funcionario público.

o)- Recurso extraordinario de Casación de la sentencia de segunda instancia:

Siguiendo la normativa procesal penal vigente al caso y concurriendo todos los requisitos legales, el **8 de agosto de 2014**, se presentó el recurso extraordinario de casación de la sentencia de segunda instancia, basado en los diferentes vicios o defectos de la misma, ya expuestos precedentemente, para que la Corte Nacional de Justicia del Ecuador la deje sin efecto, a saber:

1.- Primera causal:

Para que un particular sea reo de peculado mayor es imprescindible que exista la participación de un funcionario público.

2.- Segunda causal:

La malversación de fondos públicos como especie de peculado no estuvo vigente entre el 14 septiembre y 2 diciembre 1998 en que sucedieron los hechos que se reprochan en la condena. Ni está vigente hoy.

3.- Tercera causal

Violación del principio de congruencia. Ssin acusación fiscal no hay juicio.

4.- Cuarta Causal.

Analogía Penal, en detrimento del procesado.

5.-Quinta causal.

Disconformidad entre el hecho declarado verdadero y la ley.

6.-Sexta causal. En subsidio de las anteriores.

Imposición de una pena descomunal.

p) Solicitud de declaratoria de extinción del delito materia de la condena:

El **10 de agosto de 2014**, entró en vigencia el Código Orgánico Integral Penal (COIP), publicado en el Suplemento del Registro Oficial No.180, de 10 de Febrero de 2014, dentro de una serie de reformas y actualización doctrinaria y normativa en materia penal, establece un nuevo tipo para el delito de peculado, en el artículo 278, a saber:

"Art.278. Peculado.- Las o los servidores públicos y las personas que actúen en virtud de una potestad estatal en alguna de las instituciones del Estado, determinadas en la Constitución de la República, en beneficio propio o de terceros; abusen, se apropien, distraigan o dispongan arbitrariamente de bienes muebles o inmuebles, dineros públicos o privados, efectos que los representen, piezas, títulos o documentos que estén en su poder

en virtud o razón de su cargo, serán sancionados con pena privativa de libertad de diez a trece años (...)".

Esta descripción típica es la que reemplaza a la contenida en el artículo 257 del Código Penal ya derogado y que es el que la sentencia de segunda instancia tomó como base para sustentar la condena y observamos, dos cuestiones atinentes al caso Isaías:

a).-Los sujetos activos del delito sólo pueden ser *"(l)as o los servidores públicos y las personas que actúen en virtud de una potestad estatal en alguna de las instituciones del Estado, determinadas en la Constitución de la República (...)"*; y,

b).-Que *"abusen, se apropien, distraigan o dispongan arbitrariamente"*, esto es, se eliminó la modalidad "malversación", dejando la discusión sobre su vigencia, al momento de la sentencia, sin objeto alguno que no sea la evidencia del error en la adecuación típica cometida por los Jueces de la Corte Nacional de Justicia en este caso.

Por lo expuesto, en virtud del principio pro reo o de favorabilidad establecido en el artículo 5 y el artículo 72 No.2 *"extinción del delito o de la penal por ley posterior más favorable"* del COIP, y el de jerarquía constitucional de los Tratados de DD.HH. suscritos y ratificados por el Ecuador, establecidos en el Artículo 417 de la Constitución, es indudable que estamos en presencia de una **norma penal más benigna** a la que se contempla en la sentencia condenatoria, y que por imperativo legal, constitucional y de los tratados de DD.HH vigentes debe ser aplicada retroactivamente en beneficio del reo.

Por lo expuesto, en fecha **11 de agosto de 2014**, se solicitó a la

Corte Nacional de Justicia del Ecuador que declare la **extinción del delito** materia de la condena por haber desaparecido del catálogo de injustos penales el peculado bajo la modalidad de malversación.

Esperamos que en algún momento se de una resolución favorable a esta petición de extinción del delito materia de la condena impuesta, porque se ajusta perfectamente y con absoluta claridad con la legislación local, los principios generales del Derecho Penal y los tratados de DD.HH. suscritos y ratificados por la República del Ecuador.

Por último, hay que destacar que la **extinción** del delito y de la pena que ha operado indefectiblemente como consecuencia indiscutible de la entrada en vigencia del Código Orgánico Integral Penal (COIP) del Gobierno del Presidente Rafael Correa, vuelve jurídicamente intrascendentes una serie de debates teóricos y prácticos objeto del proceso penal, pero que hemos dejamos debidamente consignados a lo largo de esta obra, para perpetua memoria de la realidad de los hechos y de un juicio penal plagado de vicios, utilizado como instrumento de persecución política y judicial contra los hermanos Isaías.

q) Sentencia de Casación de la Corte Nacional de Justicia:

El **29 octubre de 2014**, La Sala Especializada de lo Penal, Penal Militar, Penal Policial y Tránsito de la Corte de Justicia del Ecuador expide la sentencia o decisión acerca del recurso extraordinario de Casación. La sentencia de casación resuelve condenar a Roberto y William Isaías y otros, a Ocho (8) Años de reclusión mayor ordinaria, por el delito de peculado del artículo 257 del Código Penal, incisos primero y segundo, en la modalidad de malversación, vigente en 1998, conocido como *"peculado bancario"*.

En este fallo, al igual que los anteriores, destacan la violación a las garantías esenciales del debido proceso penal como lo son el principio de legalidad, igualdad ante la ley, congruencia y motivación, entre otros, cada uno de los cuales merecerá su análisis oportunamente.

Así, la sentencia mencionada señala en su parte resolutiva:

"A la luz de lo que queda expuesto, este Tribunal de la Sala Especializada de lo Penal, Penal Militar, Penal Policial y Tránsito de la Corte Nacional de Justicia, "ADMINISTRANDO JUSTICIA EN NOMBRE DEL PUEBLO SOBERANO DEL ECUADOR, Y POR AUTORIDAD DE LA CONSTITUCIÓN Y LAS LEYES DE LA REPÚBLICA" al amparo del artículo 382 del Código de Procedimiento Penal de 1983, declara improcedentes los recursos de casación planteadas por William Isaías Dassum, Leonardo Nacas Banchón, Antonio Arenas contreras; y Roberto Isaías Dassum; y, de conformidad con el artículo 383, ejusdem, en aplicación del principio iura novit curie, casa de oficio la sentencia dictada por el Tribunal de Apelación de la Sala Especializada de lo Penal, Penal Militar, Penal Policial y Tránsito de la Corte Nacional de Justicia, de 12 de marzo de 2014, a las 15h00, que los declaró autores responsables del delito de peculado –por malversación- tipificado y sancionado en el artículo 257 del Código Penal, imponiéndoles la pena de ocho años de reclusión mayor ordinaria; al haberse comprobado que en ella se ha violado la ley, por errónea interpreta-

ción de dicho artículo; por lo que se condena a William Isaías Dassum, Leonardo Navas Banchón, Antonio Arenas contreras; y Roberto Isaías Dassum, como autores del delito previsto y sancionado en el artículo 257, incisos primeros y segundo, del Código Penal vigente a 1998, -conocido peculado bancario-; y se les condena a la pena privativa de libertad de ochos años, sin atenuantes que reconocer por existir una agravante genérica, dispuesta en el artículo 30.4 ibídem, esto es haber cometido la infracción en pandilla; además, conforme a lo dispuesto en el inciso tercero del antes referido artículo 257, quedan incapacitados para el desempeño de todo cargo o función pública; en consecuencia, procédase de conformidad con lo dispuesto en la última parte de dicho inciso. Devuélvase el proceso al tribunal que dictó el fallo recurrido, para la ejecución de la sentencia. Notifíquese y Cúmplase."

Observaciones:

1.- Vulneración a la garantía contenida en el numeral 3 del artículo 76 CRE: Principio de legalidad:

1.1.- Aplicación retroactiva de la "malversación" como modalidad del delito de peculado

La sentencia expedida y notificada el 12 marzo 2014, mediante la cual se declara sin lugar los recursos de apelación interpuestos por los hermanos Roberto y William Isaías Dassum, afirma categóricamente que *se abusaron de fondos públicos, esto es, de los préstamos de liquidez otorgados por el Banco Central del Ecuador, en la modalidad de la malversación, en beneficio propio, subsumiendo su conducta la delito de peculado tipificado y sancionado en los incisos primero y segundo del artículo 257 del Código Penal.*

Al respecto, la defensa en su recurso de casación analizamos que la malversación de fondos públicos como modalidad o especie de peculado no se encontraba vigente al momento de configurarse los hechos imputados (entre el 14 septiembre y 2 diciembre 1998).

En efecto, conforme quedó comprobado, mediante un análisis histórico y jurídico del tratamiento legislativo del tipo penal de peculado, se demostró lo siguiente:

i. Que el artículo 16 del Decreto Supremo 2636 expedido en el año 1978 *suprimió* la palabra *malversación* del artículo 257 del Código Penal, el cual fue Codificado en el año 1971 y reformado por el Decreto Supremo expedido en el 16 mayo 1977 que promulgó la Ley Orgánica de Administración Financiera y Control (LOAFYC) quedando el texto de la siguiente forma:

"**Art. 257.**- Serán reprimidos con reclusión mayor extraordinaria de doce años un día a dieciséis años, los servidores de los organismos y entidades del sector público y toda persona encargada de un servicio público, que hubiesen abusado de dineros públicos o privados, de efectos que los representen, piezas, títulos, documentos o efectos mobiliarios que estuvieren en su poder en virtud o razón de su cargo; ya consista el abuso en desfalco, disposición arbitraria o cualquier otra forma semejante. La pena será de dieciséis años un día a veinticinco años si la infracción se refiere a fondos destinados a la defensa nacional. (…)"

ii. Que en el año 1979 la Cámara Nacional de Representantes

resuelve expedir un Decreto Legislativo, derogando varios artículos del Decreto Supremo 2636 de 1978, entre los que se encontraba el artículo 16. Así, el Decreto dispuso: "**Art. 1.**- Deróganse los Arts. 1º al 19 inclusive y 21 al 28 inclusive del Decreto Supremo No. 2636, de 26 de junio de 1978, publicado en el Registro Oficial No. 621, de 4 de julio del mismo año, y restablécense los Arts. 51, 53, 54, 55, 72, 80, 81, 87, 101, 115, 126, 147, 157, 158, 161, 164, 187, 189, 224, 231, 232, 234, 316, 393, 406, 410, 416, 417, 419, 433, 450, 452, 513, 514, 552, 604, 605, 606, 607, 612 y 617 del Código Penal, los que conservarán el texto que tenían antes de ser reformados por el mencionado Decreto Supremo No. 2636". Nótese que en el listado de los textos que se restablecen a antes de ser reformados no consta el Art. 257 del CP.

"**Art. 3.**- En el inciso primero del Art. 257 del Código Penal establecido mediante Decreto Supremo No. 1429, publicado en el Registro Oficial No. 337, de 16 de mayo de 1977, restablécense las penas de reclusión mayor ordinaria de cuatro a ocho años y de ocho a doce años." Nótese que no se restablecen la palabra malversación ni su definición.

En conclusión, el análisis de la norma expedida en el año 1979 es fundamental, pues en esta se observa que se (a) omite y por tanto, no se restablece el texto de peculado al existente antes de la reforma del año 1978; y, (b) única y expresamente se restablecen las penas.

No obstante lo anterior, la Sala Especializada de lo Penal de la Corte Nacional, hace un recuento cronológico del peculado remontándose de forma innecesaria a normativa jurídica expedida en el primer siglo de la República. Sin embargo, omite deliberada y curiosamente la normativa expedida en el año 1979, cuyo texto es de carácter esencial para determinar y concluir que la malversación como modalidad del peculado **se encontraba despenalizada**. Se limita a decir en varias partes de la sentencia que el tipo penal de peculado en los años posteriores es "en esencia el de 1971", lo cual es falso.

El falaz "análisis" histórico legislativo fue el fundamento para desvanecer los cargos contra la sentencia impugnada en casación, es decir, se dejó en firme la decisión judicial mediante la cual se lesionaba la garantía del debido proceso a no ser sancionado por actos que al momento de su comisión no contravienen norma jurídica previa, garantía que deriva de la interpretación del principio de legalidad.

En efecto, el principio de legalidad se encuentra consagrado en nuestra Constitución y éste *conlleva a establecer que tanto el delito como la pena con la cual se sanciona deben estar previamente determinados en la ley, caso contrario no se puede procesar a una persona o imponer una pena, pues se atentaría al debido proceso y por ende al derecho de defensa del encausado.*

Asimismo, como lo analizaremos más adelante, la decisión de la Sala Especializada de lo Penal de la Corte Nacional, lesiona la garantía del debido proceso a recibir decisiones motivadas, pues como lo dijimos en párrafos anteriores, ésta ha omitido examinar la reforma legislativa de 1979, lo cual la configura como contraria a la razón y lógica, sub principios del derecho a la motivación reconocidos y ampliamente desarrollados por la Corte Constitucional, órgano máximo de interpretación constitucional de nuestro país.

Asimismo, el juzgamiento de una conducta despenalizada, dotando de ultra actividad a una ley penal derogada en perjuicio del reo, atenta contra lo dispuesto en el Artículo 2 del Código Penal vigente en esa época y contra los principios elementales del Derecho Penal. Además, esta obligación de no aplicar leyes penales derogadas, basada en el principio de legalidad, también está contemplada en instrumentos internacionales de derechos humanos, a saber, en la Convención Americana y en el Pacto Internacional de Derechos Civiles y Políticos (PIDCP), en sus artículos 9 y 15 respectivamente, normas internacionales que al ser parte del bloque de constitucionalidad, *son de directa aplicación* por todos los operadores de justicia de nuestro país.

Al respecto, el Comité de Derechos Humanos de la ONU ha establecido que:

*"7.3   Por lo que respecta al ámbito de aplicación del artículo 15, párrafo 1 del Pacto, **el Comité considera que no cabe interpretarlo de manera restrictiva; si dicha disposición se refiere al principio de retroactividad de la ley que prevé una pena más leve, debe entenderse a fortiori que se refiere a una ley que suprime la pena por un acto que ha perdido su carácter delictivo.** Conviene además citar aquí el artículo 112-4 del Código Penal de Francia, según el cual la pena dejará de ejecutarse cuando haya sido impuesta por un hecho que, en virtud de una ley posterior a la sentencia, haya perdido el carácter de infracción penal.*

*7.4   El Comité concluye que **procede aplicar el principio de retroactividad de la pena más leve, en este caso la ausencia de toda pena, y que, por consiguiente, el artículo 110 de la Ley de 17 de julio de 1992 viola el principio de retroactividad de la ley penal más favorable enunciado en el artículo 15 del Pacto.(…)"** (énfasis añadido)*

En el presente caso resulta entonces aplicable el artículo 15.1 *in fine* del PIDCP, según el cual *"[s]i con posterioridad a la comisión del delito la ley dispone la imposición de una pena más leve, el delincuente se beneficiará de ello"*, lo que se traduce en el principio de la aplicación retroactiva de la ley penal más favorable al reo, que obviamente recoge la de aquella que despenaliza ciertas conductas.

Como lo mencionamos al inicio del desarrollo del tema a la violación de esta garantía del debido proceso, la conducta que se imputó y por la que se ha sentenciado a Roberto y a William Isaías es malversación. Concretamente se les atribuye haber autorizado la utilización de los créditos de liquidez acordados por el Banco Central del Ecuador al Filanbanco, S.A., para fines distintos a los previstos en las regulaciones números 001-98 y 008-98 del 22 de septiembre y 5 de noviembre de 1998, respectivamente, de modo que se los está inculpando de haber incurrido en la conducta definida como "malversación", pese a que ahora el Tribunal de Casación alega que esa conducta es constitutiva de "peculado bancario", por pura conveniencia, pues reconoce expresamente a la malversación como una modalidad que ya no existe definida en el Código Penal, ni se encontraba vigente al momento de ocurrir los supuestos hechos típicos y antijurídicos.

Si bien el Tribunal de Casación ahora asegura que los procesados cometieron *"peculado bancario"*, el fallo revisado por el Tribunal, al definir la conducta típica utiliza en cambio los términos *"disposición arbitraria de los fondos públicos"* y *"fraude"* mediante la *"autorización de operaciones financieras ilegales"*, para señalar que supuestamente los directivos condenados autorizaron la utilización de los créditos de liquidez para fines distintos a los previstos en la regulaciones números 001-98 y 008-98, del 22 de septiembre y 5 de noviembre de 1998, respectivamente, siendo esos fines unas supuestas operaciones financieras ilegales, que se afirma redundaron en su beneficio personal, lo que claramente es compatible con la definición de "malversación" que con tanto afán quiere reformar "de oficio" el Tribunal de Casación.

Queda así establecido, que la sentencia de casación viola el derecho de Roberto y William Isaías a ser beneficiados con la aplicación retroactiva de la ley penal más favorable al enjuiciarlos y sentenciarlos por malversación, tras la fachada de otros tipos penales, luego de que tal conducta se encontraba despenalizada al momento de la supuesta comisión de los hechos imputados.

1.2. Aplicación retroactiva de la Ley penal menos favorable respecto del sujeto activo del peculado "bancario"

El delito de peculado se encuentra tipificado desde 1837 como bien anota el Tribunal de Casación. Desde una reforma legislativa en el año 1977, el tipo penal incluía a los "empleados" de los bancos, léase cajeros u otros con acceso directo a dineros, pero no a los administradores, directores o dueños de bancos. En efecto, el artículo 257 del Código Penal, establecía:

"Serán reprimidos con reclusión mayor ordinaria de cuatro a ocho años los servidores de los organismos y entidades del sector público y toda persona encargada de un servicio público, que hubiere abusado de dineros públicos o privados, de efectos que lo representen, piezas, títulos, documentos o efectos mobiliarios que estuvieren en su poder en virtud o razón de su cargo; ya consista el abuso en desfalco, malversación, disposición arbitraria o cualquier otra forma semejante. La pena será de ocho a doce años si la infracción se refiere a fondos destinados a la defensa nacional.

Se entenderá por malversación la aplicación de fondos a fines distintos de los previstos en el presupuesto respectivo, cuando este hecho implique, además, abuso en provecho personal o de terceros, con fines extraños al servicio público.

Están comprendidos en esta disposición los servidores que manejen fondos del Instituto Ecuatoriano de Seguridad Social o de los bancos estatales y privados. Igualmente están comprendidos los servidores de la Contraloría General y de la Superintendencia de Bancos que hubieren intervenido en fiscalizaciones, auditorías o exámenes especiales anteriores, siempre que los informes emitidos implicaren complicidad o encubrimiento en el delito que se pesquisa.

Los culpados contra quienes se dictare sentencia condenatoria quedarán, además, perpetuamente incapacitados para el desempeño de todo cargo o función públicos; para este efecto, el juez de primera instancia comunicará, inmediatamente de ejecutoriado, el fallo a la Oficina Nacional de Personal y a la autoridad nominadora del respectivo servidor, e igualmente a la Superintendencia de Bancos si se tratare de un servidor bancario. El Director de la Oficina Nacional de Personal se abstendrá de inscribir los nombramientos o contratos otorgados a favor de tales incapacitados, para lo cual se llevará en la Oficina Nacional de Personal un registro en que consten los nombres de ellos.

La acción penal prescribirá en el doble del tiempo señalado en el artículo 101."

Mediante la Ley 99-26, Reformatoria a la Ley General de Instituciones del Sistema Financiero; a la Ley de Reordenamiento en Materia Económica, en el Área Tributario-Financiera; y, al Código Penal, publicada en el Registro Oficial No. 190 del 13 mayo 1999, se extendió la calidad de sujetos activos de peculado a "*administradores, ejecutivos, empleados y vocales de los directorios o consejos de administración de las instituciones del sistema financiero*", que vendría a ser el caso de Roberto y William Isaías.

La acusación de que entre el 14 septiembre y el 2 diciembre 1998, los directores y dueños (no los empleados ni cajeros) de Filanbanco, abusaron y se apropiaron de los fondos provenientes de los préstamos de liquidez del BCE, aparte de falsa, tiene anterior data a la extensión del tipo penal. Con más razón la acusación de haberles conferido "créditos vinculados", pues esa conducta, que era lícita, recién se prohíbe y criminaliza el 13 mayo 1999, en la misma reforma legal que extendió también el tipo y no solamente la calidad de los sujetos activos.

El Principio de Legalidad, el cual se traduce en el conocido aforismo latino *"nullun crimen nulla poena sine lege"*, significa que no hay crimen, ni pena, sin ley previa. En este sentido, el principio de legalidad *se configura como un principio, pero también como un derecho subjetivo constitucional de todos los ciudadanos. Como principio constitucional, informa y limita los márgenes de actuación de los que dispone el Poder Legislativo al momento de determinar cuáles son las conductas prohibidas, así como sus respectivas sanciones. En tanto que, en su dimensión de derecho subjetivo constitucional, garantiza a toda persona sometida a un proceso o procedimiento sancionatorio que lo prohibido se encuentre previsto en una norma previa, estricta y escrita, y también que la sanción se encuentre contemplada previamente en una norma jurídica.*

Dicho principio se encuentra en todas las Constituciones de nuestro país, en el Código de Procedimiento Penal de 1983, en el CPP de 2000 y en el actual Código Orgánico Integral Penal (COIP) de 2014; en un sinnúmero de tratados internacionales que han sido suscritos y ratificados por Ecuador, y en general, es uno de los más importantes principios universales del derecho.

Gracias a la garantía universal del Principio de Legalidad, ninguna persona puede ser juzgada por un acto u omisión que no esté tipificado como infracción. Los hermanos Isaías Dassum, tienen derecho a ser juzgados de acuerdo a la ley existente al tiempo de los hechos que se les imputan como infracción, además, por exigencia de *lex stricta (nullum crimen, nulla poena sine lege stricta), el principio de legalidad penal prohíbe el uso de la analogía*, es decir, el juez únicamente puede y debe valerse del tenor literal del precepto quedando prohibida la aplicación analógica en perjuicio el imputado (*malam partem*) o condenado. Esta proscripción comprende todos los elementos del tipo penal, pues de lo contrario el juez estaría arrogándose funciones privativas de la función legislativa.

En el caso concreto, esto es, en lo que se refiere a presuntas infracciones cometidas antes de que el tipo penal de "*peculado bancario*" se extienda a "*administradores, ejecutivos, empleados y vocales de los directorios o consejos de administración de las instituciones del sistema financiero*".

La extinta Corte Suprema, así como la actual Corte Nacional de Justicia, han manifestado, en reiteradas ocasiones, que el tercer inciso del artículo 257 del Código Penal, así como el artículo in-numerado que le sigue, solamente es aplicable a los hechos ocurridos con posterioridad a la fecha en la que entró en vigencia.

Así, en el año 2007 se expidió la siguiente sentencia en el caso de BANCOMEX:

"*La sentencia impugnada, además de no tener motivación alguna con respecto a cada uno de los delitos imputados, ha soslayado un hecho de trascendencia jurídica, en razón de que el denominado PECULADO BANCARIO, recién se incorpora en nuestra legislación en mayo de 1999 y así lo establece el fallo No. 312-04 de la Primera Sala de la Corte Suprema de Justicia, publicado en el Registro Oficial No. 468-XI-2004 que, en la parte pertinente, expresa: "Que para extender el peculado a los servidores de los Bancos, el Congreso Nacional se vio obligado a reformar el texto del artículo 257 del Código Penal, y para ello dictó la Ley No. 99-26, publicada en el Registro Oficial No. 190 de 13 de mayo de 1999, por lo que solamente después de la reforma del 13 de mayo de 1999, los funcionarios de los bancos privados pueden ser juzgados por el delito tipificado en el artículo 257 del Código Penal, siendo inconstitucional e ilegal aplicar las reformas contenidas en la Ley 99-26 expedida en 1999, con carácter retroactivo sobre actuaciones realizadas en agosto de 1998".* En efecto, *las inculpaciones atribuidas a los recurrentes, según se expresa en la primera parte del fallo dice que se produjeron "entre agosto y septiembre del año 1998" y posteriormente se habla de otras transacciones realizadas en noviembre y diciembre de ese mismo año; por lo que, en este caso, no cabe la aplicación de las reformas al texto del artículo 257 del Código Penal, realizadas por el Congreso Nacional y que fueron publicadas en el Registro Oficial No. 190 del 13 de mayo de 1999."*

Otro fallo igual, pero en el caso del BANCO POPULAR, el cual se dictó en el 2009:

"En el presente caso, el delito de peculado bancario, aplicable a los Directores de Bancos e Instituciones Financieras, se introdujo mediante reforma legal publicada en el Registro Oficial No. 190 de 13 de Mayo de 1999, por lo que, a la fecha en la que se realizó la Reunión de Directorio de Banco Popular, en la que se aprobó la transacción entre Ceval y West Merchant Bank, no estaba tipificado el peculado bancario"

Irónicamente, todos estos fallos están suscritos por el doctor Hernán Ulloa Parada, miembro de la Sala Penal que ratificó el Auto de Llamamiento a Juicio dictado por el doctor Bermeo, precisamente por las razones opuestas a las arriba citadas. Para los casos de Bancomex y Popular aplicó la ley. Para Filanbanco la violó. Esto no solo constituye una violación al principio de legalidad, sino que afecta patentemente el principio de igualdad frente a la Ley, sobre el cual nos referiremos más adelante.

En los casos *Weinberger Weisz c. Uruguay y Petraroira c. Uruguay*, el Comité de Derechos Humanos de las Naciones Unidas determinó la violación del artículo 15.1 ("Principio de Legalidad") del Pacto en virtud de la aplicación retroactiva de una ley que ilegalizó la pertenencia a cierto partido político. Esta decisión fue adoptada por el Comité sobre la base de que para el momento en el que las víctimas se inscribieron en el partido, este hecho no era considerado ilegal, conforme a la legislación vigente. Así mismo, recientemente el Comité estableció que:

"Por lo que respecta al ámbito de aplicación del artículo 15, párrafo 1 del Pacto, el Comité considera que no cabe interpretarlo de manera restrictiva; si dicha disposición se refiere al principio de retroactividad de la ley que prevé una pena más leve, debe entenderse a fortiori que se refiere a una ley que suprime la pena por un acto que ha perdido su carácter delictivo (…) El Comité concluye que procede aplicar el principio de retroactividad de la pena más leve, en este caso la ausencia de toda pena (…).

En ese sentido también se ha pronunciado la Corte Interamericana de Derechos Humanos:

"177.　En un Estado de Derecho, los principios de legalidad e irretroactividad presiden la actuación de todos los órganos del Estado, en sus respectivas competencias, particularmente cuando viene al caso el ejercicio de su poder punitivo.

178.　Por su parte, el principio de la retroactividad de la ley penal más favorable se encuentra contemplado en el artículo 9 in fine de la Convención, al indicar que si con posterioridad a la comisión del delito la ley dispone la imposición de una pena más leve, el condenado se beneficiará de ello. Dicha norma debe interpretarse de buena fe, conforme al sentido corriente que haya de atribuirse a los términos del tratado en el contexto de éstos y teniendo en cuenta el objeto y fin de la Convención Americana, cual es la eficaz protección de la persona humana, así como mediante una interpretación evolutiva de los instrumentos internacionales de protección de derechos humanos.

179.　En este sentido, __debe interpretarse como ley penal más favorable tanto a aquella que establece una pena menor respecto de los delitos, como a la que comprende a las leyes que desincriminan una conducta anteriormente considerada como delito, crean una nueva causa de justificación, de inculpabilidad, y de impedimento a la operatividad de una penalidad, entre otras. Dichos supuestos no constituyen una enumeración taxativa de los casos que merecen la aplicación del principio de retroactividad de la ley penal más favorable__. Cabe destacar que el principio de retroactividad se aplica respecto de las leyes que se hubieren sancionado antes de la emisión de la sentencia, así como durante la ejecución de la misma, ya que la Convención no establece un límite en este sentido." (énfasis añadido).

1.3.- Indeterminación tipo penal de Peculado como causa suficiente a la violación del principio de legalidad

Como lo mencionamos en párrafos anteriores, el principio de legalidad constituye un mandato dirigido al legislador para que en ejercicio de su potestad legislativa, otorgue, al momento de creación de tipos penales, una clara definición de la conducta incriminada que fije sus elementos y permita deslindarla de comportamientos no punibles o conductas ilícitas sancionables con medidas no penales, esto, porque, la ambigüedad en la formulación de tipos penales genera dudas y abre el campo al arbitrio de la autoridad, particularmente indeseable cuando se trata de establecer la responsabilidad penal de los individuos y sancionarla con penas que afectan severamente bienes fundamentales como la vida o la libertad.

El Tribunal de Casación al expedir la Sentencia del 29 octubre 2014 ha incurrido en la violación al principio de legalidad, por considerar como sujeto activo del delito a personas que no cumplían las cualificaciones especiales del tipo, pues estas recién se establecieron en la reforma del año 1999, esto, como consecuencia de la indeterminación del tipo penal de peculado, lo cual ha sido categóricamente afirmado por la misma corporación en casos anteriores. Esto con respecto al "peculado bancario".

La situación de la "malversación de fondos", como especie del peculado mayor, sufre mayor indeterminación aún del tipo penal, y por ser abierto, ha dado paso a interpretaciones antojadizas, arbitrarias y lesivas de los derechos constitucionales de los acusados. Este es el motivo porque la Corte de

Casación ha tenido que irse hasta el primer Código Penal expedido en la República (siglo XIX) para tratar de argumentar que la malversación sí era delito en el año 1999 en que se cometieron los hechos materia de este proceso... saltándose en su construcción seudo histórica, como malabarista, precisamente la reforma legal de 1979 que la descriminaliza para siempre.

1.4.- Aplicación ultra activa de la agravante "pandilla" expresamente derogada

En el caso concreto, el Tribunal de Casación expresa en su sentencia: "*si bien se ha logrado demostrar que a su favor operan las atenuantes de los numerales 6 y 7 del artículo 29 del Código Penal, no se tomado en consideración que en su contra también resulta aplicable la agravante genérica de pandilla, contenida en el artículo 30.4 ibídem, y que se define en el artículo 601 ejusdem, como "... la reunión de tres o más personas, con una misma intención delictuosa para la comisión de un delito". En tal sentido, al no reunirse los dos requisitos descritos supra, para la reducción de la pena, se desecha el cargo analizado en este numeral*".

Al respecto, no solo es alarmante como el órgano máximo de administración de justicia ordinaria ha empeorado, de oficio, la situación jurídica de los acusados mediante la aplicación injustificada de la agravante por haber supuestamente cometido el delito en pandilla, sino que no se percaten que se trata de la aplicación *ultra activa* de una agravante expresamente derogada por el actual Código Orgánico Integral Penal (COIP). En este sentido, el Tribunal de Casación agrava la situación jurídica, sin que exista impugnación por parte de la Fiscalía General del Estado, aplicando preceptos normativos expresamente proscritos de nuestro ordenamiento, esto, sin dar explicación alguna sobre la adecuación de la conducta a lo señalado en el enunciado jurídico que describe que se entiende por actuación en pandilla. En efecto, el COIP entró en vigencia el 10 agosto 2014 derogando la referida agravante y la sentencia de casación se dicta dos meses después, el 29 octubre 2014.

Lo más relevante de esta violación es el efecto que produce. En la sentencia de casación se acepta que la Sala de Apelación: a) había considerado en forma errónea solamente una atenuante; y, b) se había imputado una agravante inexistente como tal, la supuesta alarma social causada por el delito. Por tanto, casa tácitamente la sentencia, confiere una segunda atenuante, acepta que alarma social no es agravante, pero para que no se conmute ni reduzca la pena, crea artificiosamente otra agravante, la pandilla, que ya estaba derogada:

"A la luz de lo que queda expuesto, este Tribunal de la Sala Especializada de lo Penal, Penal Militar, Penal Policial y Tránsito de la Corte Nacional de Justicia, "ADMINISTRANDO JUSTICIA EN NOMBRE DEL PUEBLO SOBERANO DEL ECUADOR, Y POR AUTORIDAD DE LA CONSTITUCIÓN Y LAS LEYES DE LA REPÚBLICA", al amparo del artículo 382 del Código de Procedimiento Penal de 1983, declara improcedentes los recursos de casación planteados por William Isaías Dassum, Leonardo Navas Banchón, Antonio Arenas contreras; y Roberto Isaías Dassum; y, de conformidad con el artículo 383, ejusdem, en aplicación del principio iura novit curie, casa

de oficio la sentencia dictada por el Tribunal de Apelación de la Sala Especializada de lo Penal, Penal Militar, Penal Policial y Tránsito de la Corte Nacional de Justicia, de 12 de marzo de 2014, a las 15h00, que los declaró autores responsables del delito de peculado -por malversación- tipificado y sancionado en el artículo 257 del Código Penal, imponiéndoles la pena de ocho años de reclusión mayor ordinaria; al haberse comprobado que en ella se ha violado la ley, por errónea interpretación de dicho artículo; por lo que se condena a William Isaías Dassum, Leonardo Navas Banchón, Antonio Arenas contreras; y Roberto Isaías Dassum, **como autores del delito previsto y sancionado en el artículo 257, incisos primero y segundo, del Código Penal vigente a 1998, -conocido como peculado bancario-; y se les condena a la pena privativa de libertad de ocho años, sin atenuantes que reconocer por existir una agravante genérica, dispuesta en el artículo 30.4 ibídem, esto es haber cometido la infracción en pandilla"** (énfasis añadido)

En este sentido, la jurisprudencia de la Corte Interamericana de Derechos Humanos ha señalado que la aplicación del principio de irretroactividad de la ley penal desfavorable significa que el Estado no debe ejercer su poder punitivo aplicando de modo retroactivo leyes penales que aumenten las penas, establezcan circunstancias agravantes o creen figuras agravadas del delito. Asimismo, este principio implica que una persona no pueda ser penada por un hecho que no era delito o no era punible o perseguible cuando fue cometido. En este sentido, el Tribunal de Casación ha violado el principio de legalidad en más de una ocasión.

2.- Violación al derecho de igualdad formal (Art. 66.4 CRE)

La Corte Constitucional se ha pronunciado en más de una ocasión respecto a la importancia de la aplicación del principio de igualdad por parte de los operadores de justicia al momento de motivar y expedir sus decisiones. Así, ha manifestado el máximo órgano de interpretación constitucional "… a similares situaciones jurídicas puestas en conocimiento y resolución de la administración corresponde la misma respuesta, toda vez que la hermenéutica empleada en las normas y su correspondiente aplicación debe ser constante y uniforme, a menos, claro está, que existan razones que se justifiquen argumentadamente que merecen un trato disímil (…) resulta inadmisible que existan criterios contradictorios en circunstancias jurídicas iguales, pues esto vulnera evidentemente los derechos de igualdad y seguridad jurídica".

En este sentido, la línea jurisprudencial de la Corte ha sido clara al momento de establecer la forma como se puede constatar si determinada decisión judicial viola o no el principio de igualdad. Así, se trata de un ejercicio comparativo entre la sentencia cuya inconstitucionalidad se acusa y las decisiones anteriores expedidas por la misma corporación, es decir, el concepto de igualdad hace referencia a por lo menos dos parámetros de comparación, sean personas, objetos o situaciones, sobre los cuales se pueda medir dicho concepto.

En el caso concreto, existen varios fallos expedidos por la extinta Corte Suprema de Justicia en la que interpretan correctamente el delito de PECULADO BANCARIO. No obstante lo anterior, la ahora Corte Nacional de Justicia se ha separado del mencionado criterio jurisprudencial sin que conste dentro del proceso carga argumentativa relacionada a esta disidencia.

Cabe resaltar que los fundamentos fácticos de la sentencia de casación, son similares, por no decir idénticos, a los que se analizaron y resolvieron en Casación años atrás.

Tal como lo mencionamos, estas separaciones de las decisiones anteriores emitidas por la ex Corte Suprema constituyen una vulneración directa al principio de igualdad consagrado en la Constitución. Al respecto, señala la Corte que el respeto a los propios criterios vertidos en casos análogos por parte de la Corte Nacional de Justicia, aun cuando formalmente no hayan pasado por el procedimiento previsto en el artículo 185 de la Constitución para el establecimiento de jurisprudencia obligatoria, responde a la observancia del principio de igualdad y seguridad jurídica, dado que no es admisible a los juzgadores, a pretexto de que un criterio vertido en uno o varios casos anteriores que no es formalmente jurisprudencia obligatoria, desconociendo sus decisiones, las que deben ser adoptadas con vocación de universalidad, es decir, ante las mismas circunstancia de casos anteriores, cuando no media circunstancias relevantes para un cambio de criterio, es imperioso resolver como se lo ha hecho en el pasado. Con lo cual, los jueces al administrar justicia deben realizarlo principalmente con sujeción a los derechos constitucionales de igualdad y seguridad jurídica.

La violación del derecho a la igualdad se demuestra aplicando el ejercicio comparativo utilizado por la Corte para estos casos, esto, para determinar las similitudes referente a los fundamentos facticos y jurídicos de los caso.

En ese sentido, pasamos revista a dos casos resueltos por la

Corte Nacional de Justicia:

i) Caso BANCOMEX

La resolución fue expedida el 22 noviembre 2007. De acuerdo a la sentencia la pretensión de los condenados mediante la presentación del recurso de casación fue la siguiente:

"Los sentenciados CARLOS ANTONIO ANDRADE GRANJA, CIELO FATIMA MARITZA VASQUEZ GILER y ALBERTO CEVALLOS GOMEZ PINAN, así como el doctor MARCELO TORRES, Agente Fiscal de la Unidad de Delitos Financieros del Distrito de Pichincha, interponen recurso de casación contra la sentencia pronunciada por el Tribunal Cuarto de lo Penal de Pichincha, el 24 de mayo del 2006, mediante la cual se les condena a la pena de nueve años de reclusión menor ordinaria, en calidad coautores de los delitos tipificados y sancionados en los Arts. 257 y 339 del Código Penal, y 131 literales a), b), c) y d), de la Ley General de Instituciones del Sistema Financiero (...)"

La *ratio decidendi* de la mencionada resolución fue la siguiente:

"SEXTO.- ANALISIS DE LA SALA.- 7.- La sentencia impugnada, además de no tener motivación alguna con respecto a cada uno de los delitos imputados, ha soslayado un hecho de trascendencia jurídica, en razón de que el denominado PECULADO BANCARIO, recién se incorpora en nuestra legislación en mayo de 1999 y así lo establece el fallo No. 312-04 de la Primera Sala de la Corte Suprema de Justicia, publicado en el Registro Oficial No. 468-XI-2004 que, en la parte pertinente, expresa: "Que para extender el peculado a los servidores de los Bancos, el Congreso Nacional se vio obligado a reformar el

texto del artículo 257 del Código Penal, y para ello dictó la Ley No. 99-26, publicada en el Registro Oficial No. 190 de 13 de mayo de 1999, por lo que solamente después de la reforma del 13 de mayo de 1999, los funcionarios de los bancos privados pueden ser juzgados por el delito tipificado en el artículo 257 del Código Penal, siendo inconstitucional e ilegal aplicar las reformas contenidas en la Ley 99-26 expedida en 1999, con carácter retroactivo sobre actuaciones realizadas en agosto de 1998". En efecto, las inculpaciones atribuidas a los recurrentes, según se expresa en la primera parte del fallo dice que se produjeron "entre agosto y septiembre del año 1998" y posteriormente se habla de otras transacciones realizadas en noviembre y diciembre de ese mismo año; por lo que, en este caso, no cabe la aplicación de las reformas al texto del artículo 257 del Código Penal, realizadas por el Congreso Nacional y que fueron publicadas en el Registro Oficial No. 190 del 13 de mayo de 1999."

Finalmente, la decisión de la Sala de la Corte Nacional fue la siguiente:

"SEPTIMO: RESOLUCION. Por las consideraciones antes expuestas, la Tercera Sala Especializada de lo Penal de la Corte Suprema de Justicia, ADMINISTRANDO JUSTICIA, EN NOMBRE DE LA REPUBLICA Y POR AUTORIDAD DE LA LEY, aceptando parcialmente el recurso de casación interpuesto, reforma el fallo recurrido, condenando a los recurrentes CARLOS ANTONIO ANDRADE GRANJA Y CIELO FATIMA MARITZA VASQUEZ GILER, al pago de 10.000 UVC, como autores del delito tipificado en el Art. 128 (antes 131) de la Ley General de Instituciones Financieras, literales a), b) c), y d), valor que se pagará conforme dispone el Art. 12, inciso ter-

cero de la Ley 2000-4, publicada en el Suplemento del Registro Oficial No. 34 del 13 de marzo del 2000. "

ii) Caso BANCO POPULAR

La resolución emitida el 6 julio 2010, dentro del expediente No. 822-2009. De acuerdo a la sentencia la pretensión de los condenados mediante la presentación del recurso de revisión fue la siguiente:

"La Segunda Sala de lo Penal de la Corte Suprema de Justicia mediante sentencia de 16 de abril del 2008 condenó a Ernesto Rivadeneira García, Francisco Rosales Ramos, Salomón Gutt, Rubén Ordóñez Villacrés, Jean Daniel Benoit, William de Rosa, Fernando Armendáriz Saona y Renán Fabián Encalada Garrido, a la pena de ocho años de reclusión mayor ordinaria a cada uno de ellos como autores del delito de peculado bancario, sentencia de la cual interponen recurso de revisión los señores Salomón Gutt, Fernando Armendáriz Saona Francisco Rosales Ramos y Rubén Ordóñez Villacrés (...)"

La *ratio decidendi* de la mencionada resolución fue la siguiente:

"En el presente caso, el delito de peculado bancario, aplicable a los Directores de Bancos e Instituciones Financieras, se introdujo mediante reforma legal publicada en el Registro Oficial No. 190 de 13 de Mayo de 1999, por lo que, a la fecha en la que se realizó la Reunión de Directorio de Banco Popular, en la que se aprobó la transacción entre Ceval y West Merchant Bank, no estaba tipificado el peculado bancario"

Finalmente, en este caso la Corte resolvió:

"Declara(r) procedente los recursos presentados, así como el es-

tado de inocencia de los recurrentes; y, en consecuencia, absuelve a Salomón Gutt, Fernando Armendáriz Saona, Francisco Rosales Ramos, y Rubén Ordóñez Villacrés. Cancélense todas las medidas cautelares que pesan en su contra. (…)"

Como podrá observarse en ambos casos se discuten hechos similares por los que se ha juzgado y condenado a los hermanos Roberto y William Isaías. Sin embargo, el razonamiento y decisión de los Jueces de la Sala de lo Penal de la Corte Nacional de Justicia varia únicamente en nuestro caso, esto, sin que se pueda apreciar razonamiento alguno por el cual la Sala se separó de los precedentes citados, lo cual evidentemente lesiona el derecho a la igualdad y a la seguridad jurídica.

3.- Violación del principio *non reformatio in peius* o la reforma no peyorativa en contra del recurrente (Art. 77.14 CRE)

La etapa de impugnación por la vía de los recursos legales, tiene por objeto la depuración de un resultado procesal obtenido en la instancia, de tal modo que el escrito del apelante debe contener una crítica de la sentencia impugnada, que es la que ha de servir de base para la pretensión sustitutoria de pronunciamiento recaído en primera instancia. El recurso de apelación solo transmite al tribunal ad quem la plena competencia para revisar y decidir las cuestiones planteadas por el recurrente. El tribunal superior no puede revisar de oficio los razonamientos de la sentencia apelada ni puede empeorar la situación del recurrente, sin excepción, de lo contrario se estaría procediendo en contra del principio *tantum apellatum quatum devolutum,* lo cual no es otra cosa que los limites cognitivos del juez de alzada. Igual ocurre con respecto al Tribunal de Casación, que no puede empeorar la situación del recurrente cuando solamente él ha interpuesto el recurso; con más razón en este nivel pues la casación es un recurso contra sentencia ejecutoriada.

Lo antes mencionado opera de igual forma con respecto al Tribunal de Casación, que no puede empeorar la situación del recurrente cuando solamente él ha interpuesto el recurso; con más razón en este nivel, pues la casación es un recurso contra sentencia ejecutoriada. Es decir, la competencia material de los jueces de casación se encuentra limitada al contenido de los recursos presentados para su conocimiento, cualquier actuación que se exceda de estos, constituye una vía de hecho judicial, pues el juzgador actúa fuera del marco de la ley, es decir, sin competencia.

En este sentido, la Corte Constitucional se ha manifestado acerca de la de este principio manifestado que este *se refiere a no empeorar "la situación de la persona que recurre"*. Sin embargo, únicamente es posible alegar *la prohibición de reformar la decisión judicial en perjuicio de los accionantes,* si estos hubieran *sido los únicos recurrentes.* En el caso concreto, la Fiscalía General del Estado, no impugnó el fallo conocido y resuelto por el Tribunal de Casación.

En efecto, *la prohibición de la reformatio in pejus cuando no media recurso acusatorio tiene jerarquía constitucional, por lo cual <u>toda sentencia que ignore este principio resulta inválida en tanto importa que ha sido dictada sin jurisdicción, afectando de manera ilegítima la situación obtenida por el encausado.</u>*

Para la Corte Suprema Argentina, es evidente que resultaría **ilógico** concederle al imputado la facultad de impugnación, y, al mismo tiempo, exponerlo al riesgo de que por el ejercicio de esta potestad en ausencia de recurso de la parte acusadora su situación procesal se vea empeorada, puesto que de esta manera se lo colocaría en la disyuntiva de correr ese riesgo o consentir una sentencia que considera injusta.

El ordenamiento Jurídico ecuatoriano contemplaba originalmente la prohibición de la *reformatio in peius*, en el Artículo 346 del Código Penal, pero con posterioridad, lo estableció en la Constitución de 2008, vigente, con mayor alcance y efectos, en la cúspide de la jerarquía normativa, artículo 77 No. 14, a saber:

"Art. 77.- En todo proceso penal que se haya privado de la libertad a una persona, se observarán las siguientes garantías básicas:

(…) 14.-Al resolver la impugnación de una sanción, no se podrá empeorar la situación de la persona que recurre"

Asimismo, es importante resaltar que esta garantía del debido proceso, también se encontraba consagrada en la Constitución Política de 1998, la cual establecía en su artículo 24 las garantías básicas del debido proceso. Así, el numeral 13 del mencionado artículo prescribía lo siguiente:

"13. Las resoluciones de los poderes públicos que afecten a las personas, deberán ser motivadas. No habrá tal motivación si en la resolución no se enunciaren normas o principios jurídicos en que se haya fundado, y si no se explicare la pertinencia de su aplicación a los antecedentes de hecho. <u>Al resolver la impug-</u>

nación de una sanción, no se podrá empeorar la situación del recurrente."

Lo anterior ha sido ratificado por la Corte Constitucional al señalar que *existe debido proceso desde el punto de vista material, si se respeta los fines superiores como la libertad, la dignidad humana, la seguridad jurídica y los derechos constitucionales como la legalidad, la controversia, la celeridad, la publicidad, la prohibición de la reforma in pejus y el doble juzgamiento por el mismo hecho, entre otros.*

El fallo objeto de la presente acción extraordinaria viola el mencionado principio y empeora la situación jurídica de los acusados en por lo menos tres momentos, a saber:

i) cambio del tipo penal de malversación por peculado bancario, porque pese a que la pena máxima es igual de 8 años para ambos, una cosa es haber malversado fondos sin apropiárselos, como fue la condena inicial por la Sala de Apelación, y otra muy distinta, es haber cometido peculado bancario que supone la apropiación indebida y enriquecimiento particular en base al abuso de fondos bancarios, como finalmente sentenció la Sala de Casación actuando maliciosamente "de oficio";

ii) cambio de delito inexistente de malversación que dictaminó la Sala de Apelación, por otro que no era procedente imputarlo, pero que sí tenía existencia jurídica, el de peculado bancario cuyo cambio realizó la Sala de Casación, pues por muy reiterativa que haya sido al tratar de argumentar (saltándose como malabarista justo la reforma legal de 1979 que la descriminaliza) que la malversación sí existía, al cambiar el delito

dejó claro que esa fue la "salida" que escogió el aparato perse-
cutorio del Estado, para evitarse archivar el proceso por aplicación más favorable de ley posterior, como debió hacérselo.

iii) aplicación de la agravante pandilla, para empeorar la situación de los acusados, luego de verse obligada la Sala de
Casación a aceptar la impugnación que hizo la defensa a la
Sentencia de Apelación respecto de las atenuantes que no habían sido computadas (que lo fue en casación) y de la agravante inexistente de "alarma social" que había sido imputada
(que también fue extinguida en casación).

En tal sentido, el diseño constitucional de la garantía procesal
de la no reformatio in pejus conlleva a que ésta constituya (i)
un límite a la actividad del ad quem en el sentido de que le
está vedado agravar la pena o sanción impuesta al condenado o afectado en un proceso o procedimiento administrativo;
(ii) evite que este último sea sorprendido con una sanción
que no tuvo oportunidad de controvertir; y (iii) permita el
ejercicio del derecho de defensa, ya que aleja el temor al incremento de aquélla.

El tema está clarísimo para todos los tribunales extranjeros.
Al parecer, el máximo organismo de justicia de Ecuador, en
este caso particular, quiere bailar a su propio compás.

A lo anterior vale agregar que la casación de oficio no otorga
ninguna facultad para cambiar los hechos de la causa, pues
está limitada a la rectificación de errores de derecho que la
vicien. Los hechos de la causa, establecidos por el Tribunal de
Segunda Instancia, son los siguientes:

" *abusaron de fondos públicos, esto es, de los créditos de liqui-*

dez concedidos por el Banco Central del Ecuador, entre el 14 de
septiembre y 2 de diciembre de 1998, por montos de 972.000.- y
1800.000.000.- de Sucres, en la modalidad de la malversación,
entendida como la aplicación de fondos a fines distintos de los
previstos en el presupuesto respectivo, en provecho personal, en
los términos del inciso 2 del art. 257 del Código Penal" (esto es,
la definición legal de malversación) ", vigente tanto en la época
de los hechos, como actualmente, conforme se puso de mani-
fiesto en líneas anteriores, en la medida que, contravinieron
las regulaciones 001 de 22 de septiembre de 1998 y 008 de 5 de
noviembre de 1998, expedidas por el Banco Central , así como
el Programa de Estabilización al que fue sometido Filanbanco."

No hay duda lógica ni legal alguna, que los hechos de la causa
descritos, son la aplicación o inversión pública diferente, que
el mismo código penal definió oportunamente como "malversación", por más que el Tribunal de Casación quiere decir
lo contrario.

Los hechos descritos por la sentencia del tribunal de segunda
instancia, señalados anteriormente en forma textual, no son
la sustracción de fondos públicos (desfalco), la distracción, la
retención u otra forma de abuso semejante, ni pueden serlo
de modo alguno. Por ello, el tribunal de segunda instancia
calificó el delito imputado como peculado, en la modalidad
de malversación, art. 257 del Código Penal.

El Tribunal de Casación, para intentar burlar una circunstancia jurídica inevitable y sobreviniente, la legítima y correcta
alegación por la defensa de la despenalización del peculado
por malversación en 1978, califica los mismos hechos, que

son intangibles y no los puede cambiar, como peculado bancario, inciso primero y segundo del art.257 Ibídem.

Para ello el Tribunal de Casación, no considera y pasa por alto que las modalidades de cometimiento del peculado punible del art. 257 Ibídem, cualquiera sea su calificativo o el inciso, inclusive al que arriba la revalorización del Tribunal, siguen siendo las mismas, que no sean las que antes formaban parte de la conducta malversación despenalizada: *ya consista el abuso en desfalco, disposición arbitraria o cualquiera otra semejante.*

La hipótesis del Tribunal de Casación, de un peculado bancario, del inciso primero y segundo del art. 257 Ibídem, por fondos en bancos privados, no tiene sentido, lógico ni legal alguno, con los mismos hechos de la causa, descritos en la sentencia del tribunal de segunda instancia, sobre la aplicación o inversión diferente o malversación, que además, fueron despenalizados en 1978. Por tanto, se hace evidente que el Tribunal de Casación, en realidad, más que revalorizar ha cambiado subrepticiamente los hechos de la causa, en perjuicio de los procesados.

Para concluir numeral, vale resaltar que la Corte Constitucional Colombiana agrega que en los sistemas acusatorios existe una tendencia a limitar los poderes del superior jerárquico, a diferencia de lo sucedido en los sistemas inquisitivos por cuanto, como los sostiene Maier, en estos últimos, el recurso de apelación contra la sentencia se encontraba íntimamente ligado con la idea de delegación del poder jurisdiccional que gobernaba la administración de justicia, de suerte que el poder que se había delegado en el inferior debía devolverse por completo al superior, lo que implicaba acordarle a este último amplios poderes para revisar lo decidido por el a quo. Por el contrario, en un modelo procesal penal de tendencia acusatoria, los poderes del juez de segunda instancia se encuentran limitados por lo decidido por el inferior jerárquico.

4.- Violación al principio de la necesaria congruencia que debe existir entre la acusación fiscal y la sentencia condenatoria

La excitativa fiscal y la investigación sumarial de esta causa divagó por todas las posibilidades de comisión de peculado: (i) Se quiso ver un desfalco en la concesión hasta 1998 de préstamos legítimos a compañías vinculadas, préstamos que estaban legalmente autorizados y reglamentados hasta 1999, año en que se prohibieron y tipificaron como delito. (ii) Se quiso ver la derogada malversación en la utilización de los préstamos de liquidez del Banco Central del Ecuador (BCE) en fines del giro del banco, pero no autorizados por los Convenios suscritos con el Banco Central del Ecuador.

Toda sospecha fue desvirtuada, principalmente mediante prueba, técnica e instrumental, emanada de las propias autoridades de control, la Superintendencia de Bancos y el propio Banco Central del Ecuador (BCE).

Por ello resulta necesario revisar brevemente los "vaivenes acusatorios" que ha tenido esta causa, en detrimento de los derechos y garantías consagradas en la Constitución y los tratados internacionales. Veamos:

i) El Ministerio Público, única autoridad encargada de formular la acusación fiscal, a través de la Ministra Fiscal General del Estado, doctora Mariana Yépez, después de dos años de analizar las pruebas de la investigación sumarial, acusó a Roberto y William Isaías Dassum y otros sindicados, por el delito menor de falsificación o alteración de balances, debido a ciertas inexactitudes que supuestamente reflejaban los mismos durante esa época de crisis, mediante auto acusatorio de fecha 20 noviembre 2002.

ii) Luego, en el año 2003, el Dr. Armando Bermeo, entonces Presidente de la Corte Suprema de Justicia, dicta un auto de apertura del plenario contra los hermanos Roberto y William Isaías y otros sindicados, por los hechos de la crisis bancaria de 1998, por el delito de "peculado bancario", un delito tipificado en forma posterior a los hechos materia del juicio, mediante la ley No.99-26, Registro Oficial No. 190 de 13 mayo 1999, como quedó anotado anteriormente.

Sin la debida congruencia penal, que debe existir entre la acusación y la sentencia; se provocó una clara y prohibida indefensión, puesto que los hermanos Isaías y los otros sindicados contestaron la acusación fiscal, el más importante escrito de la defensa, en base a la acusación de falsificación de balances y no se defendieron del peculado bancario, por la sencilla razón, que no se les acusó de dicho delito.

En este sentido, el derecho de conocer con certeza las acusaciones formuladas, también implica que esas acusaciones no sean modificadas durante el proceso, dicho derecho se encuentra consagrado en los artículos 14.3.A) del PIDCP y en el artículo 8.2.B) de la Convención Americana de Derechos

Humanos. En este sentido, la Corte Interamericana ha considerado, ante unos hechos muy similares a los anteriormente descritos, que:

"Evidentemente, cuando los magistrados comparecieron ante la Comisión de Investigación, su intervención respondía a las denuncias hechas por la magistrada Revoredo y no a las supuestas anomalías que se produjeron en el Tribunal Constitucional con ocasión de la adopción de la decisión y aclaración sobre la reelección presidencial, razón por la cual los magistrados no pudieron hacer conocer su postura con respecto a este punto.

Lo antedicho produjo la consiguiente restricción del derecho de defensa de los magistrados para presentar los descargos correspondientes a las imputaciones que se presentaban en su contra. Por una parte, los inculpados no tuvieron conocimiento oportuno y completo de los cargos que se les hacían y se les limitó el acceso al acervo probatorio"

Por tanto, la supremacía de la norma constitucional y los tratados de derechos humanos suscritos y ratificados por el Ecuador determinan una grave afectación del derecho a la defensa y el debido proceso penal moderno y vigente, que afecta la legitimidad y validez del fallo. El tribunal *ad quem* estaba llamado a respetar el principio de la congruencia penal entre la acusación y la sentencia.

Pero más absurdo aún resulta que el Juez Unipersonal Merino, luego de reconocer que, en efecto que el "peculado bancario" fue tipificado en 1999, cuando ellos dejaron su cargo de banqueros en 1998, cambió la figura por la de peculado público, en una suerte de "como es verdad que el peculado bancario es inaplicable, entonces decido que es peculado público" (sin ninguna motivación al respecto), cuando este proceso llevaba 12 años bajo una investigación de peculado bancario.

Si primero Bermeo (juez del llamado a plenario) y luego Ulloa, Moyano y Peñarreta (jueces que lo confirmaron) violaron el principio de congruencia al llamar a juicio por peculado bancario, no se diga el Juez Unipersonal Merino (juez de primera instancia del plenario), que se fue por una conducta típica que jamás siquiera había sido motivo de investigación, ni de estudio, ni de acusación fiscal, ni de discusión, ni de prueba, la de peculado mayor.

El hecho de haber rebasado la acusación de la Fiscal General del Estado, empeorando la situación de los procesados, evidencia la falta de imparcialidad en la que jamás debe incurrir un juez, a más de constituir una violación al principio de congruencia entre acusación y fallo.

Resulta absurdo e inconstitucional que en el proceso se practiquen pruebas para descargar el presunto cometimiento de los delitos financieros acusados por el Ministerio Público, y que el Juez de la causa se pronuncie sobre otro delito (el de peculado) en su fallo, para que luego, en apelación, la Sala desvirtúe aquello y aplique el peculado, en la modalidad de "malversación" (DEROGADA) y que luego en la sentencia de Casación el Tribunal diga que "no es verdad" que el peculado bancario existe desde 1999 sino que existe desde 1837 ¡insólito!.

5.- Violación al derecho a ser juzgado por una jueza o juez independiente, imparcial y competente (Art. 76.7.k CRE)

Constituye una garantía del derecho a la defensa, el derecho que tiene toda persona a ser juzgada por un juez imparcial. En efecto, las decisiones adoptadas dentro de un proceso deben contar con la decisión de un juez que no esté invadido por presiones, sea a través del ejercicio del poder político o económico, sea el atinente a los efectos o desafectos nacidos de la interacción humana.

Respecto a la tutela judicial efectiva ha manifestado la Corte que no se trata únicamente de mero acceso a los órganos jurisdiccionales, sino que una vez ejercida la acción respectiva se requiere que los operadores judiciales realicen una labor diligente en donde se plasme la defensa de los derechos sin evidenciar sesgos o prerrogativas a favor de ninguna de las partes procesales, manteniéndose de este modo un justo equilibrio que a su vez garantiza la confianza de las personas de acudir a estos órganos jurisdiccionales para hacer valer sus derechos.

Además, de acuerdo con el artículo 14.1 del PIDCP, "toda persona tiene derecho a ser oída públicamente y con las debidas garantías por un tribunal competente, independiente e imparcial, establecido por la ley, en la sustanciación de cualquier acusación de carácter penal formulada contra ella o para la determinación de sus derechos u obligaciones de carácter civil". De acuerdo con ese Comité, *"[e]l requisito de la competencia, independencia e imparcialidad de un tribunal en el sentido del párrafo 1 del artículo 14 es un derecho absoluto que no puede ser objeto de excepción alguna".* Por lo cual, el derecho al debido proceso reconocido en el PIDCP contiene como uno de sus elementos esenciales, el derecho de toda persona a ser juzgada por un tribunal independiente e imparcial.

La independencia judicial requiere, en los términos bien establecidos por ese Comité, en primer lugar, que el estatuto judicial del derecho interno *"garantice (…) la independencia del poder judicial, y prote(ja) a los jueces de toda forma de influencia política en la adopción de decisiones". Esto implica que existan "procedimientos claros y criterios objetivos para el nombramiento, la remuneración, el mandato, la promoción, la suspensión y la destitución, y las sanciones disciplinarias en relación con los miembros de la judicatura".*

Y en este mismo sentido se ha reiterado que *"los jueces podrán ser destituidos únicamente por razones graves de mala conducta o incompetencia, de conformidad con procedimientos equitativos que garanticen la objetividad y la imparcialidad establecidos en la Constitución o en la ley".*

La independencia también requiere la clara separación entre el poder judicial y el poder ejecutivo, pues toda situación en que éstos *"no sean claramente distinguibles o en la que este último pueda controlar o dirigir al primero es incompatible con el concepto de un tribunal independiente".* En este sentido el Comité ha establecido, que:

(…) el concepto de igualdad ante los tribunales entraña el propio acceso a los tribunales y que una situación en que los esfuerzos de un individuo por presentar sus denuncias a las instancias competentes estén sistemáticamente frustrados contradice las garantías del párrafo 1 del artículo 14. En este contexto, el Comité ha observado también la afirmación del autor

de que el Presidente del Estado parte controla el poder judicial (...). El Comité considera que una situación en que las funciones y competencias del poder judicial y del poder ejecutivo·no son claramente distinguibles o en la que este último puede controlar o dirigir al primero es incompatible con el concepto de un tribunal independiente e imparcial a tenor de lo dispuesto en el párrafo 1 del artículo 14 del Pacto.

5.1.-Jorge M. Blum Carcelén

El Art. 76, numeral 7, letra k) de la Constitución vigente, reconoce el derecho que tienen toda persona tiene derecho a ser juzgada por una jueza o juez independiente, imparcial y competente. Esta es la principal y más importante garantía que resguarda a cualquier procesado ante la justicia.

El doctor Blum, quien dictó el fallo de casación, no cumple con el requisito constitucional de imparcialidad y por ello, dentro del proceso penal se requirió su separación, vía recusación, la misma que fue ilegítimamente negada. En virtud de lo anterior, el doctor Blum continúo sustanciando el recurso de casación y luego, suscribió el fallo materia de análisis, viciándolo así de nulidad, pues su participación atenta contra las disposiciones constitucionales arriba citadas.

Jorge Blum no cumple con los requisitos de imparcialidad y competencia que exige la Constitución ya que el día 11 abril 2012, esto es, al día siguiente de que el doctor Wilson Merino dictó la sentencia de primera instancia en contra de Roberto y William Isaías y de otros injustamente sindicados, convocó a una rueda de prensa en las instalaciones de la Corte Nacional de Justicia. El deseo de Merino era de "informar" a los medios de comunicación nacionales acerca de su "hazaña", pues él se había atrevido a realizar aquello que los "cincuenta y cuatro jueces" que lo precedieron en el cargo no habían hecho.

Mientras intervenía en la rueda de prensa, el Juez Merino estuvo acompañado de otros dos miembros de la Sala Penal, los doctores Jorge Blum Carcelén y Paul Iñiguez Ríos. El Dr. Iñiguez fue "sorteado" como Juez ponente en la segunda instancia del caso y fue el que desechó los recursos de nulidad y apelación que interpusieron las partes, como era de esperarse si públicamente había respaldado el fallo impugnado.

Como si lo anterior fuera poco, el tercer integrante de esa rueda de prensa, el Dr. Jorge Blum, formó parte del Tribunal que conoció los recursos de casación interpuestos contra la sentencia de su colega Iñiguez, que a su vez, ratificaba el fallo del Dr. Merino.

En dicha rueda de prensa, Merino no sólo cometió la imprudencia de referirse a un proceso que continuaba en trámite, sino que inclusive se dedicó a adelantar criterios sobre los distintos recursos que tenían los sindicados en ese proceso, afirmando por ejemplo que no había derecho a interponer casación. Mientras todo esto ocurría, los doctores Blum e Iñiguez estaban sentados a su lado, respaldándolo.

En virtud de ello, se presentó una recusación contra Blum, que luego fuera desechada por referirse a hechos similares pues ya se había recusado antes al doctor Iñiguez por también participar en esa rueda de prensa. Pretender que, por compartir antecedentes fácticos, una demanda de recusación no se puede dirigir contra dos jueces distintos no tiene asidero lógico ni jurídico. En todo caso, con esta flagrante ilegalidad se consumó una violación más, se aplanó el camino para que un juez que claramente no cumplía con los requisitos constitucionales de imparcialidad y competencia, se pronuncié en el recurso de casación.

5.2.- Lucy Blacio Pereira

En la sustanciación de la demanda de recusación intentada contra Jorge Blum, mediante oficio S/N del 10 julio 2014, la Dra Lucy Blacio, se excusó de participar por "haber fallado en la misma causa". Así, si la Dra. Blacio se excusó de conocer un proceso secundario, como es la recusación, con mayor razón no podía pronunciarse en el juicio principal.

Por su propia admisión, la Dra. Blacio no cumple con el requisito constitucional de imparcialidad, más aún cuando el artículo 856.6 del Código de Procedimiento Civil, considera que es causal de excusa y recusación *haber fallado en otra instancia y en el mismo juicio la cuestión que se ventila u otra conexa a ella.*

Por esta razón, se intentó también contra la Dra. Blacio una demanda de recusación, la misma que – al igual que en ocasiones anteriores- fue desechada sin mayor análisis. Con lo anterior, se configuró un Tribunal de Casación en el cual, dos de sus tres miembros, tenían impedimentos constitucionales para conocer el proceso.

6.- Falta de aplicación directa e inmediata de la Constitución al insistir en aplicar el derogado sistema inquisitivo

El numeral 3 del artículo 11 de la Constitución expresa lo siguiente:

"Los derechos y garantías establecidos en la Constitución y en los instrumentos internacionales de derechos humanos, serán de directa e inmediata aplicación por y ante cualquier servidora o servidor público, administrativo o judicial, de oficio o a petición de parte".

En el mismo sentido, el numeral 426, señala:

"Todas las personas, autoridades e instituciones están sujetas a la Constitución.

Las juezas y jueces, autoridades administrativas y servidoras y servidores públicos, aplicarán directamente las normas constitucionales y las previstas en los instrumentos internacionales de derechos humanos siempre que sean más favorables a las establecidas en la Constitución, aunque las partes no las invoquen expresamente.

Los derechos consagrados en la Constitución y los instrumentos internacionales de derechos humanos serán de inmediato cumplimiento y aplicación. No podrá alegarse falta de ley o desconocimiento de las normas para justificar la vulneración de los derechos y garantías establecidos en la Constitución, para desechar la acción interpuesta en su defensa, ni para negar el reconocimiento de tales derechos".

Las anteriores disposiciones constitucionales son coherentes con lo establecido por la Corte Constitucional, esto es, que, de manera general, las juezas y jueces aplicarán las normas constitucionales de modo directo y sin necesidad de que se encuentren desarrolladas, lo cual es consecuencia del Estado de Derechos y Justicia en el que nos encontramos a partir de la expedición de la Constitución de Montecristi. Así, la directa aplicación de la Constitución para resolver no sólo los conflictos entre los poderes del estado o entre éste y las personas, sino también para resolver los conflictos entre particulares constituye un símbolo característico para identificar al Estado Constitucional.

La supremacía constitucional es objeto de control tanto por parte de la Corte Constitucional, órgano máximo de interpretación de la Constitución, como por los órganos de justicia ordinaria, los cuales en cada causa que conozcan y se presente un conflicto normativo deberá aplicar directamente los principios y derechos constitucionales.

Al respecto, nuestro el artículo 168.6 de la Constitución establece el principio dispositivo en todas las materias, instancias, etapas y diligencias. El principio dispositivo o también llamada adversarial, por mandato constitucional (desde el 2008) se convirtió en universal y, por tanto, aplicable a todos los procesos.

No obstante, múltiples insistencias respecto a la aplicación de un proceso acusatorio, el cual como lo hemos indicado no solo es coherente con los principios que rigen la administración de justicia, sino que permite que durante la sustanciación del proceso se cumpla con las garantías del debido proceso.

El sistema acusatorio está plenamente establecido en la Constitución, las actuaciones procesales que son contrarias a los principios del sistema acusatorio son al mismo tiempo, contrarios a la Constitución. Además, de vulneran el derecho a la seguridad jurídica y los principios de independencia e imparcialidad del órgano jurisdiccional penal, que a su vez son principios y garantías fundamentales del debido proceso penal reconocidas por la Constitución, esto, por el rol del juez en el sistema inquisitivo.

7.- El Tribunal no resolvió todos los puntos de la Casación.

Tanto nuestros derechos a la tutela judicial efectiva como el derecho al debido proceso a recibir una sentencia motivada se han visto vulnerados mediante la sentencia expedida por el Tribunal de Casación, esto, debido a que dicho órgano jurisdiccional al momento de expedir la resolución no tomó en consideración todos los fundamentos del recurso extraordinario de casación.

En efecto, la decisión impugnada es incongruente, pues resuelve sobre la improcedencia del recurso de casación de casación sin tomar en consideración todos los argumentos planteados y, por tanto, viola flagrantemente la garantía a la motivación.

La motivación, que de acuerdo con la letra l). del numeral 7 del artículo 76 de la CRE, consiste en enunciar las normas o principios jurídicos en que se funda la resolución, y la explicación de la pertinencia de su aplicación a los antecedentes de hecho, es una garantía del derecho a la defensa (num. 7 art. 76 CPE), el que es a su vez una de las garantías básicas del debido proceso.

En este sentido, la Corte ha hecho énfasis en cuanto a los parámetros para considerar motivado un fallo. Así, la decisión judicial debe ser razonable, lógica y comprensible. La lógica de la decisión judicial consiste en que debe existir coherencia entre las premisas y la conclusión. Como lo mencionamos anteriormente, el Tribunal de Casación no ha realizado un análisis lógico, pues en el ejercicio argumentativo ha omitido deliberadamente entrar a examinar parte importante de los recursos. Por ejemplo, en el caso de Roberto Isaías, fundó su recurso de casación en seis causales, y solo cuatro fueron desarrolladas. Inclusive, se requirió oportunamente la ampliación del fallo respecto de estos puntos, y el Tribunal consideró que "no había nada que ampliar".

En consecuencia, la decisión impugnada no cuenta en su análisis con todas las premisas (argumentos del recurso de casación) y por tanto, no puede considerarse la conclusión de la misma como lógica, es decir, la sentencia no se encuentra motivada conforme a derecho.

r) Acción Extraordinaria de Protección Constitucional:

El **10 de diciembre de 2014**, Roberto y William Isaías presentaron acción extraordinaria de protección para ante la Corte Constitucional del Ecuador, fundamentados en los múltiples vicios, yerros y arbitrariedades y derechos constitucionales vulnerados.

S) Resolución de la Corte Constitucional:

La Corte Constitucional del Ecuador por resolución única, de **17 de septiembre de 2015**, inadmite al trámite, esto es, se niega a conocer y juzgar, la acción interpuesta por Roberto y William Isaías y las otras tres (3) acciones extraordinarias de protección interpuestas otros condenados, por supuestamente estar todas mal planteadas o con defectos, a la luz de la Ley Orgánica de Garantías Jurisdiccionales y Control

Constitucional.

T) Los actos procesales esenciales a la luz del principio de la congruencia en materia penal.

1.- **La acusación del Ministerio Público:**

El Ministerio Público, única autoridad encargada de formular la acusación fiscal de un proceso penal, a través de la máxima autoridad, la Ministra Fiscal General del Estado, Dra. Mariana Yépez, después de analizar las pruebas de la investigación sumarial, acusó mediante auto acusatorio de fecha 16 de junio de 2000, a Roberto y William Isaías Dassum y otros sindicados, por el delito menor de falsificación o *alteración de balances,* Artículo 363 No.3 del Código Penal, debido a ciertas inexactitudes que supuestamente reflejaban los mismos durante esa época de crisis de **1998.**

De esta manera, por el *principio de la congruencia penal,* vigente desde la instauración del sistema acusatorio en Constitución de 1998, quedó establecido el marco dentro del que se desarrollará el curso del proceso y la actividad procesal de las partes involucradas, incluida toda la actividad probatoria de cargo y descargo.

2.- **El auto de apertura del Plenario:**

En el año 2003, el Dr. Armando Bermeo, entonces Presidente de la Corte Suprema de Justicia, dicta un auto de apertura del plenario contra los hermanos Roberto y William Isaías y otros sindicados, por los hechos de la crisis bancaria de 1998, por el delito de *"peculado bancario",* un delito imposible, puesto que fue tipificado en forma posterior a los hechos materia del juicio, mediante la ley No.99-26, Registro

Oficial No.190 de 13 de mayo de **1999;** de paso contrariando el principio de la *congruencia penal,* que debe existir entre la acusación, la prueba y la sentencia; y provocando *indefensión* puesto que los hermanos Isaías y los otros sindicados contestaron la acusación fiscal, en base a la acusación de falsificación de balances y no se defendieron del peculado, por la sencilla razón, que no se les acusó de peculado.

3- Reforma del auto de apertura del plenario por aplicación Directa e Inmediata de los Derechos Constitucionales:

Los conjueces (o jueces subrogantes) de la Primera Sala, mediante auto dictado el **15 enero 2010,** aplicando en forma inmediata y directa las garantías constitucionales del debido proceso, y al amparo de las facultades conferidas por la Constitución de 2008, en los artículos 11 No.3 y 426, conocieron la procedencia y admisibilidad de las impugnaciones de los sindicados y **reformaron el auto confirmatorio** del 12 mayo 2009, expedido por los jueces titulares. La reforma, básicamente, reconoce que, por haberse violado el principio de legalidad y el de congruencia entre acusación fiscal y fallo, ninguno de los 12 (doce) sindicados podía ser juzgado por *"peculado bancario",* sino por la acusación fiscal: alteración de balances.

4.- Declaración de Inexistencia de la Reforma del Auto de Apertura de Plenario:

El 17 de mayo de 2010, otros Jueces Ocasionales de la Corte Nacional de Justicia, o designados en forma especial para el caso, declararon la **"inexistencia"** de la decisión de los jueces anteriores de reformar el auto de llamamiento a plenario limitándolo a la alteración de balances y ordenaron eliminarla de los registros procesales. Ambos hechos, tanto la declaración de inexistencia de un acto procesal, como la orden de eliminación física de los registros, son figuras desconocidas por el derecho procesal ecuatoriano. De esta manera, se restableció el Auto de Apertura de Plenario por **peculado bancario.**

5.- Sentencia Penal de Primera instancia:

La sentencia penal de primera instancia, de 10 de abril de 2012, condena a Roberto y William Isaias y otros, entre ellos el ex Superintendente de Bancos, por **"peculado mayor"** contemplado en el artículo 257 del Código Penal, un delito que exige que se trate de un funcionario público o que haya funcionarios públicos como copartícipes. Obviamente, viola el principio de la congruencia penal entre acusación, prueba y sentencia.

6.- Sentencia Penal de Segunda Instancia:

La sentencia penal de segunda instancia, de 12 de marzo de 2014, condena a pena privativa de libertad a Roberto y William Isaías, por **peculado** del artículo 257 del Código Penal, pero con tres graves irregularidades: 1) la violación del principio de la congruencia penal, 2) exculpa al único funcionario público involucrado, de modo que es un delito imposible, ya que no se puede aplicar un delito de funcionarios públicos si no hay al menos un copartícipe que tenga esa calidad y, 3) la condena es por delito de peculado por la modalidad de **"malversación"** o inversión pública diferente, que está despenalizada en Ecuador, desde 1978, por Decreto Supremo No.2636, R.O. 621 de 4 de julio de 1978.

7. Sentencia de Casación:

La sentencia de casación, **29 Octubre de 2014**, condena a Roberto y William Isaías, por peculado del artículo 257 del Código Penal, inciso primero y segundo, por malversación, con varias y graves peculiaridades:1) La violación del principio de la congruencia penal. 2) La condena es por delito de peculado por la modalidad de **"malversación"** o inversión pública diferente, que está despenalizada en Ecuador, desde 1978, por Decreto Supremo No.2636, R.O. 621 de 4 de julio de 1978. 3) La ausencia de un funcionario público condenado por este peculado, lo torna un delito imposible, el peculado del art.257 del Código Penal es un delito de funcionarios públicos, que admite participación de terceros privados, pero a lo menos debe intervenir un funcionario público. 4) La parte resolutiva de la sentencia de casación expresa que la condena es por el delito **"peculado bancario"**, una figura que en realidad solo fue introducida en la reforma de la Ley. 99-26 Registro Oficial, 190 de 13 de Mayo de 1999, como reconoció el Juez de Primera Instancia en la pág. 19 de su sentencia de 10 de abril de 2012.

3.1.3. **Ley de Extradición No.2000-24 publicada en el Registro Oficial No.152 de 30 de agosto de 2000:**

Una vez iniciada la investigación penal en contra de los hermanos Isaías, por peculado No.57-

2000, la clase política continuó con otro eslabón de la cadena normativa en su contra, ésta vez, mediante una nueva Ley de Extradición, necesaria para traerlos rápidamente de los Estados Unidos de América.

Esta ley no era inocente, no se dictó para traer a los hermanos Isaías y juzgarlos ante un tribunal de justicia independiente e imparcial, con la garantía de la aplicación de las normas del debido proceso, la Ley y la Constitución. Los hermanos Isaías fueron juzgados y condenados, sin fórmula de juicio, por la opinión pública. La realidad, es que se persigue extraditarlos para aplicarles la sanción que el reiterado discurso populista y los cálculos políticos exigen.

Esta Ley - posterior al inicio del juicio penal No.57-2000 - establece que para iniciar el trámite de *extradición activa* se requiere de un auto de *prisión preventiva*, o de una sentencia judicial ejecutoriada. Anteriormente, la extradición activa estaba reglamentada sólo para el caso de contarse con una sentencia judicial ejecutoriada, conforme disponían las normas sobre extradición activa contenidas en el Reglamento de la Ley de Extranjería de 30 de junio de 1986, publicado en el Registro Oficial No.473 de 7 de julio de 1986.

Esta nueva Ley de Extradición, se constituyó en una herramienta esencial en contra de los hermanos Isaías, puesto que Roberto y William Isaías, se encontraban en Miami, Estados Unidos de América, en resguardo de los abusos de la politizada Administración de Justicia ecuatoriana.

Hechos subsecuentes:

a.- El Presidente de la Corte Suprema de Justicia, solicitó la extradición activa de Roberto y William Isaías a los Estados Unidos de América, en base al auto de prisión preventiva. El procedimiento administrativo de remisión de documentos por la vía diplomática, está plagado de irregularidades, incluidos la remisión de documentos que no constan en el proceso penal, exclusión de las pruebas de descargo, etc. Las autoridades del Estado Ecuatoriano, que han intervenido en estas gestiones oficiales, han demostrado que están dispuestos a recurrir a cualquier medio para lograr extraditar a los hermanos Isaías. Este procedimiento de extradición se encuentra, actualmente, en trámite.

3.1.4. El juicio civil No.147-D-2001 del Juzgado Tercero de lo Civil de Guayaquil:

El **14 de marzo de 2001,** la familia Isaías, a través de las compañías ex accionistas de Filanbanco S.A., dedujo una demanda civil en contra de la Agencia de Garantía de Depósitos (AGD) y el Filanbanco S.A., en el que reclamaban la entrega de los activos (la cartera o deudas de clientes) amortizados contra el saldo contable del capital y otras cuentas patrimoniales de los ex accionistas privados por US$158.000.000.-, que nunca fueron entregados por la Agencia de Garantía de Depósitos (AGD) no obstante estar expresamente contemplado en forma imperativa el Artículo 24 literal d) de la Ley de Reordenamiento en Materia Económica en el Area tributario Financiero, de la época.

Esta justa reclamación judicial fue satanizada inmediatamente por los adversarios de la familia Isaías y los gobernantes de turno y recibió una denominación peyorativa, *"el juicio del vuelto".*

Finalmente, la juez competente, mediante sentencia judicial de **27 de agosto de 2001,** ejecutoriada y pasada en autoridad de cosa juzgada, reconoció que operó la subrogación legal a favor de los ex accionistas de Filanbanco S.A. Así, el Considerado Séptimo de la sentencia, expresa lo siguiente:

"Que el análisis del literal d) del Artículo 24 de la ley de Reordenamiento en Materia Económica en el Area tributario Financiero y de los artículos 1651, 1652, 1653 y 1655 del Código Civil, se desprende que la amortización del capital y demás cuentas patrimoniales de los ex accionistas de Filanbanco S.A. mediante provisiones para cancelar deudas de terceros con el Filanbanco S.A., constituyó un pago hecho en las condiciones dispuestas por la misma Ley, que indefectiblemente produjo el efecto de la subrogación legal de los derechos del acreedor Filanbanco S.A. a favor de Intral Panamá S.A. y Seguros Rocafuerte S.A. en los términos señalados en el Artículo 1655 del Código Civil".

Hechos subsecuentes:

1.- La Junta Bancaria del Ecuador, mediante resolución de 07 de septiembre de 2001, intentó inútilmente afectar la decisión judicial, excluyendo los activos que constan en la sentencia del juicio No.147-D-2001.

2.- La Juez que expidió la sentencia fue destituida administrativamente por el Consejo Nacional de la Judicatura.

3.- Se dictó la Ley No.2002-60 de 28 de enero de 2002, a que se refiere el numeral 3.1.7.de esta denuncia, entre otras cosas, para interferir en la decisión judicial de esta causa mediante el desconocimiento del valor de una sentencia judicial y del efecto de la cosa juzgada. Sin embargo, el juez que reemplazó a la funcionaria judicial exonerada, ejerciendo las facultades de control constitucional difuso, declaró la inaplicabilidad de las disposiciones de la Ley 2002-60 al juicio No.147-D-2001, por inconstitucionales bajo la Constitución de 1998.

4.- En 2008, la Agencia de Garantía de Depósitos (AGD), mediante Resolución No.AGD-UIO-GG-2008-035 de **12 de agosto de 2008**, incautó los derechos de los ex accionistas de Filanbanco S.A. emanados del Juicio No.147-D-2001.

3.1.5. El informe de Deloitte & Touche de 2001:

El 2 de diciembre de 1998, los ex accionistas privados entregaron Filanbanco S.A., el Banco más grande del Ecuador, a la Agencia de Garantía de Depósitos (AGD), pasando a ser una sociedad anónima de propiedad y administración estatal, en virtud de lo dispuesto en el artículo 23 de la Ley de Reordenamiento en Materia Económica en el área tributario- Financiero, vigente en ese momento.

En el año 2000, por autorización del Superintendente Bancos, mediante resolución SB- 2000-1109 de 16 de octubre de 2000, y sus antecedentes: SB-INBGF-99-0083, INBGF-9901552, INBGF-9901569, INBGF-2000-0172, INSEF-2000-3482; la administración pública de Filanbanco S.A. solicitó a Deloitte & Touche un *"informe de procedimientos convenidos"* respecto de información financiera de Filanbanco S.A. y su subsidiaria Filanbanco Trust & Banking Corp., que fue entregado el 8 de mayo de 2001, firmado por *"Deloitte & Touche"*, esto es, bajo la responsabilidad de la firma en Ecuador y de la casa matriz. Este informe se denominó:

"Informe de aplicación de procedimientos convenidos para la identificación de ajustes que requieran efectuarse a los activos, contingentes, provisiones y estimaciones de intereses y bene-

ficios sociales y determinación de pérdidas al 2 de diciembre de 1998."

Este *"informe de procedimientos convenidos"* de Deloitte & Touche, de 8 de mayo de 2001, fue realizado bajo la Norma de Auditoría Ecuatoriana (NEA) No.30, y se basó principalmente en los requerimientos indicados por el Econ. Pedro Delgado Campaña (el mismo a que se refiere el numeral 3.1.2 y 3.1.17. de este documento), Intendente Nacional de Supervisión de Entidades Financieras, en su Oficio No.IN-SEF-2000-3482 de 31 de agosto de 2000, dirigido al Abg. Luis Villacís, Gerente General de la AGD. Además es necesario destacar que en dicho informe se observa, entre otras cosas, lo siguiente:

a.- Los auditores no obtuvieron *"la carta de representación"* requerida por el contrato, de parte de la administración pública de Filanbanco S.A. y Filanbanco Trust & Banking Corp.

b.- Los procedimientos establecían sobre la cartera de créditos y contingentes, que se revisarían y analizarían las carpetas de los clientes, pero si la información requerida para evaluar a cada deudor no existía o no estaba completa, se procedía por este solo hecho a provisionar o considerar como pérdida el saldo de las deudas.

c.- Expresa pérdidas cambiarias inexistentes, porque el informe contiene cifras en sucres que por ley se dolarizaron al tipo de cambio de S/25.000.- sucres por dólar. Situación de total conocimiento de los auditores el 8 de mayo de 2001.

d.- La revelación de hechos subsecuentes llega sólo hasta septiembre de 2000, de manera que, a la fecha de entrega del informe, el 8 de mayo de 2001, ya había deudores que habían cancelado sus obligaciones, y ello no está considerado en el informe.

e.- El *"informe de procedimientos convenidos"* de Deloitte & Touche, de 8 de mayo de 2001, definitivamente, no establece que las pérdidas de Filanbanco S.A. al 2 de diciembre de 1998 hayan sido de US $661.500.000.- (Seiscientos sesenta y un millones quinientos mil dólares de los Estados Unidos de América), porque así lo expresa en el numeral 4 de la Introducción a dicho informe, a saber:

"Debido a que el alcance de nuestro trabajo fue efectuado en base a lo indicado en los párrafos anteriores, nuestro trabajo no constituye una auditoria o una revisión de estados financieros practicada de acuerdo con normas de auditoría y de revisión generalmente aceptadas, por lo tanto no estamos en condiciones de expresar y no expresamos una opinión o aseveración sobre la razonabilidad de los estados financieros de Filanbanco S.A. y Filanbanco Trust & Banking Corp. a esa fecha ni a ninguna fecha. Si hubiéramos efectuado procedimientos adicionales; o una auditoria o una revisión de estados financieros otros asuntos podrían haber llamado nuestra atención y habrían sido informados a ustedes."

El **26 de febrero de 2008,** la Junta Bancaria del Ecuador aprobó el *"informe de procedimientos convenidos"* entregado por Deloitte & Touche, el 8 de mayo de 2001, y elaborado a solicitud de la administración pública de Filanbanco S.A.

El 8 de julio de 2008, La Agencia de Garantía de Depósitos (AGD) procedió en forma pública a incautar más de 200 empresas que atribuye al Grupo Isaías y, en fechas posteriores, muchas otras, por presuntas pérdidas de Filanbanco S.A. al 2 de diciembre de 1998, por un valor ascendente a US $ 661.500.000.- (seiscientos sesenta y un millones quinientos mil), en base al *"informe de procedimientos convenidos"* de Deloitte & Touche, de 08 de mayo de 2001.

El informe de Deloitte & Touche de 2001 no es una auditoría, sino *un informe de procedimientos convenidos,* esto es, un servicio relacionado, una modalidad de trabajo de menor entidad y valor técnico, sujeto exclusivamente a los procedimientos acordados por las partes. A este respecto, Las Normas Ecuatorianas de Auditoría, publicadas por la Federación Nacional de Contadores del Ecuador, en los asuntos introductorios, marcos de referencia de las normas ecuatorianas de auditoría, página 26, presenta el siguiente cuadro comparativo:

	Auditoría	Servicios Relacionados		
Naturaleza del servicio	Auditoría	Revisión	Procedimientos convenidos	Compilación
Nivel comparativo de certeza provisto por el auditor	Certeza alta pero no absoluta	Certeza moderada	No certeza	No certeza
Informe proporciona	Certeza positiva sobre aseveraciones	Certeza o seguridad negativa sobre aseveraciones	Descubrimientos actuales de procedimientos	Identificación de información compilada

El Informe de Deloitte & Touche no establece pérdidas, es un análisis de riesgo crediticio o provisiones de los clientes deudores de Filanbanco, realizado en 2001, bajo los procedimientos acordados con la administración estatal. El informe de Deloitte & Touche no establecía pérdidas ni tenía la certeza y la habilidad técnica para establecerlas. Además, el 2008 la mayoría de estos clientes, ya habían pagado sus deudas con Filanbanco.

Después de la incautación, como única forma de rescatar las empresas ilegalmente incautadas, el Grupo Isaías propuso a la Agencia de Garantía de Depósitos (AGD) comprar los activos y cartera de Filanbanco S.A., impagos a la fecha actual, que fueron materia del informe de Deloitte & Touche de 8 de mayo de 2001, para lo cual la Junta Bancaria mediante oficios No. JB-2008-1511 del 28 de agosto de 2008, y JB-2008-1708 del 29 de septiembre de 2008, a petición de parte, dispusieron una actualización del informe de Deloitte & Touche, de 8 de mayo de 2001, cuyo resultado fue totalmente descabellado, como se puede observar del apartado sobre la Notificación de la Deuda en 2010, que consta en el numeral 3.1. 14. de este documento.

Finalmente, es necesario documentar que el Programa de Reestructuración dispuesto por la resolución No.JB-98-085, de 2 de diciembre de 1998, establecía que sería una verdadera *auditoría*, y de la firma Price Waterhouse, la que debería establecer los saldos finales y determinar el destino, esto es, la aplicación o devolución, de las garantías adicionales prestadas por los Isaías al entregar Filanbanco, y constantes en el Fideicomiso AGD.

El informe de Deloitte & Touche no cumple con ninguna de estas exigencias, no es auditoria y no es de Price Waterhouse.

Además, contradice los informes de auditoría realizados por Hansem-Holm y el informe *"limpio"* de Arthur Andersen, que establecieron que no había pérdidas en Filanbanco al 2 de diciembre de 1998.

3.1.6. La Negativa Presidencial a Objetar las disposiciones del Proyecto de Ley que dio origen a la Ley No.2002-60:

Este proyecto de Ley tuvo por objeto perseguir a la familia Isaías e intentar sustraerse de los efectos de la sentencia ejecutoriada, dictada en el juicio No.147-D-2001, que declaró que operó la subrogación legal de los derechos de acreedor de Filanbanco S.A. a favor de los ex accionistas privados, respecto de los créditos (deudas de clientes) que fueron amortizados con las cuentas patrimoniales de los ex accionistas, por US $158.000.000.- (ciento cincuenta y ocho millones).

El Presidente de la República, Dr. Gustavo Noboa Bejarano, en el documento de Veto u Objeción Parcial a este proyecto de Ley, reconoció, en forma expresa y detallada, que este proyecto de ley tiene dedicatoria, que contiene normas inconstitucionales y sus disposiciones atentan contra la *seguridad jurídica*. Sin pudor, lo expuso dentro del documento, sin embargo, omitió por razones políticas, objetar o vetar esas mismas disposiciones y que fueron materia de un extenso análisis jurídico de su parte, en el mismo documento.

Por tanto, el proyecto de la Ley No.2002-60 fue tramitado a sabiendas de sus múltiples inconstitucionalidades y dedicatoria a ciertas personas, como consta en el documento mencionado, suscrito el **28 de diciembre de 2001**, por el entonces Presidente de la República, Dr. Gustavo Noboa Bejarano.

Este documento expresa:

"Es evidente que objetar por razones de inconstitucionalidad varias disposiciones dictadas por diputados de diversas corrientes políticas, en muchos casos por los mismos que provocaron la debacle bancaria en el país al aprobar la ley que hoy se reforma tiene un alto impacto político. En efecto, en conocimiento que la ley tiene claros destinatarios, se ha pretendido por los legisladores, a sabiendas de que lo aprobado por el Congreso Nacional es atentatorio a la seguridad jurídica, dejar en manos del Ejecutivo la responsabilidad histórica de objetar tales disposiciones, para pretender responsabilizarme políticamente de los efectos de la objeción. Y lo que es peor políticamente, se me ha invitado a aprobarlas, con lo cual la destrucción de la seguridad jurídica, tan reclamada por los diversos sectores sociales y productivos, es un hecho incuestionable, de connotaciones inconmensurables, que atenta al futuro y progreso de la Nación ".

En fin, por razones políticas le tembló la mano al doctor Gustavo Noboa Bejarano, Presidente de la República, quien omitió ejercer las facultades que le confería la Constitución en el trámite de generación de las leyes, para objetar o vetar tales disposiciones. Lo hizo a sabiendas, en ejercicio de sus altas funciones, mediante una omisión políticamente calculada, y con ello permitió la persecución de la familia Isaías, a través de dichas normas.

3.1.7.- Ley No. 2002 – 60, Reformatoria de la Ley de Reordenamiento en Materia Económica en el área Tributario Financiero, de la ley de Régimen Monetario y Bancario y Banco del Estado y de la ley General de Instituciones del

Sistema Financiero, publicada en el Suplemento del Registro Oficial No.503, de 28 de enero de 2002:

Esta Ley constituye otro eslabón importante de la cadena normativa que se conformó para perseguir política y judicialmente a la familia Isaías. Es posterior a la sentencia judicial ejecutoriada de fecha 27 de agosto de 2001, en el Juicio No.147-2001, que declaró que había operado la subrogación legal a favor de los ex a accionistas de Filanbanco S.A. respecto de los créditos de los deudores del Banco que fueron amortizados contra las cuentas patrimoniales de los ex accionistas al 2 de diciembre de 1998. Esta ley desconoce el valor y efecto de las sentencias judiciales, de la cosa juzgada, sanciona civil, penal y administrativamente a todo funcionario público, incluidos los jueces, que de algún modo la contradigan y pretende dar *efecto retroactivo* al Art. 15, mediante un ardid, una simple fe de errata.

Es evidente y claro que esta ley no es inocente *ab initio,* pero sorprende que los funcionarios del Estado no se conformaron con sus disposiciones y pretendieron extender su propia arbitrariedad, más allá de la arbitrariedad legal, como es el caso de Carlos Bravo, Gerente General de la Agencia de Garantía de Depósitos (AGD), al pretender dar *efecto retroactivo* a la garantía patrimonial personal de los administradores de una institución financiera, establecida en el Art. 4, no en el Art.15, a que se refería la mencionada fe errata, con la sola intención de perjudicar a los hermanos Isaías mediante esta Ley No.2002-60 de 28 de enero de 2002, quienes habían entregado el Filanbanco el **2 de diciembre de 1998.**

La Ley No.2002-60, introduce lo siguiente:

a.-El art. 4 de la Ley ibídem, sustituye el Artículo 29 de la Ley de Reordenamiento en Materia Económica, en el área Tributario-Financiero, y en su inciso final crea la *garantía patrimonial personal* de los administradores-accionistas de instituciones financieras que hayan incurrido en declaración de patrimonios técnicos, irreales, alterado cifras del balance o cobrado interés sobre interés. Así mismo introduce la facultad de la AGD de incautar bienes cuya propiedad sea de público conocimiento de los accionistas-administradores y para aportarlos a un fideicomiso en garantía mientras se prueba la real propiedad, en cuyo caso pasarán a ser recursos de la AGD.

b.- El art. 15 de la Ley ibídem, agrega el inciso final del Artículo 167 de la Ley General de instituciones del Sistema Financiero, que dispone: (i) que los accionistas y administradores y personas o compañías vinculadas tanto por acciones u otro tipo de acreencia a la institución financiera, las cobrarán exclusivamente al final de la liquidación y del remanente y siempre que hubieren satisfecho todas las obligaciones y créditos originales, cedidos o subrogados; (ii) que no será válido ningún contrato, fideicomiso, medida cautelar decisión administrativa o *sentencia judicial* que de alguna manera contraríe lo establecido en esta disposición, (iii) que serán responsables en forma penal y civil, las personas o compañías y sus representantes legales, incluyendo las deudoras, los fiduciarios, *los jueces,* autoridades de control y administrativas, en general, los registradores de propiedad y mercantiles, que de alguna manera contravengan lo expresado en esta norma legal.

c.- La fe de errata, publicada en el Registro Oficial No.549 de 5 de abril de 2002, dispone que en la cuarta línea del artículo 20 de la Ley No.2002-60 se deslizó un error, que en vez de decir artículo 14 debe decir artículo 15. De esta inusual manera pretendieron aplicar con *efecto retroactivo* el contenido del artículo 15, que pasó a tener vigencia a partir de la fecha en que se publicó en el Registro Oficial La Ley de Reordenamiento en Materia Económica en el área Tributario Financiera, esto es, desde el **1 de diciembre de 1998**. El juez del juicio No.147-2001, ejerciendo las facultades de control difuso de la constitucionalidad que le entregaba el artículo 274 de la Constitución de 1998, declaró inaplicables por inconstitucionales a los artículos 15 y 20 de la Ley No.2002-60, el 25 de abril de 2002.

3.1.8.- Decreto Ejecutivo No. 914, que Reforma el Reglamento a la Ley de Documentos de Viaje, expedido el 14 de febrero de 2008 y publicado en el Segundo Suplemento del Registro Oficial No.276, de 18 de febrero de 2008:

Parte de la cadena normativa que ha servido de herramienta de persecución contra los hermanos Isaías, la encontramos en el Decreto Ejecutivo No.914, que se expide el **14 de febrero de 2008,** con posterioridad a la presentación del pasaporte de William Isaías en el Consulado del Ecuador en Miami, el 29 de enero de 2008 (recibo No.1294283) y de la retención ilegal del antiguo y del nuevo pasaporte.

El propósito es claro, privar a William Isaías de su documentación y convertirlo en un indocumentado forzoso, para perjudicar su status migratorio en los Estados Unidos de

América, en clara y abierta violación de las normas legales y constitucionales ecuatorianas. El gobierno, otra vez, antepone los aspectos e intereses político populistas, como si fueran bienes superiores y pasa por alto los derechos de las personas y el Ordenamiento Jurídico Interno. En esta persecución política y judicial, todo está permitido para traer a los hermanos Isaías al Ecuador, para condenarlos y encarcelarlos.

Este Decreto Ejecutivo No.914, dispone lo siguiente:

a.-Que el Ministerio de Relaciones Exteriores, sus dependencias u oficinas consulares se abstendrán de otorgar pasaporte a los ecuatorianos que se hallaren prófugos de la justicia.

b.-Que al efecto el Ministerio de Gobierno Y Policía enviará periódicamente una lista con los nombres, copia de las órdenes judiciales y otros datos para facilitar la identificación de los ciudadanos que se hallaren prófugos de la justicia.

c.- Que esté Decreto entrará en vigencia a partir de su publicación en el Registro Oficial, que fue el 18 de febrero de 2008.

El Decreto Ejecutivo No.914: (i) Viola lo dispuesto en una norma legal de jerarquía superior, el Artículo 4 de la Ley de Documentos de Viaje, que dispone que todo ecuatoriano tiene derecho a obtener pasaporte y ninguna autoridad puede negarse a concederlo, siempre que cumpla con los requisitos legales. Para reformar o modificar el Artículo 4 de la Ley de Documentos de Viaje se requería de otra Ley, que lo ordenara expresa o tácitamente, no podía de modo alguno hacerse mediante un simple Decreto Ejecutivo, y (ii) Viola el Artículo 171 No.5 de la Constitución de 1998, que permitía al Presidente de la República expedir reglamentos para la aplicación de las leyes, pero sin contravenirlas o alterarlas.

3.1.9. La resolución del Directorio de la AGD, Acta No.150, de 4 de julio de 2008:

Sin sentencia de un juez, sin que haya concluido el juicio penal contra los hermanos Isaías, se recurre otra vez a un acto de la administración, otro eslabón de la cadena que conforma la persecución política y judicial en contra de los hermanos Isaías. En esta oportunidad, para dar la falsa apariencia de un acto de justicia y de resarcimiento en contra de los ricos, pero en la realidad, para confiscar los bienes a la familia Isaías y apoderarse de su potente conglomerado de medios de comunicación e integrarlos al aparato de propaganda del gobierno del Presidente de la República, Rafael Correa Delgado.

El Acta No. 150 del Directorio de la Agencia de Garantía de Depósitos (AGD): (i) Es mendaz, fue falsamente fechada el 4 de julio de 2008 y como realizada en el Ministerio de Economía, a las 12h40, para que sirva de antecedente a las resoluciones de incautación que dictaría Carlos Bravo, Gerente General de la AGD, el 8 de julio de 2008 y posteriores. La prensa del gobierno se encargará de reflejar la verdad, en la página 6 de El telégrafo de 9 de julio de 2008, cuando señala una cronología de hechos y expresa que la orden del Directorio de la AGD fue dada el lunes **7 de julio a las 21h00**; (ii) No consta la firma del Ministro de Finanzas, Economista Fausto Ortiz de la Cadena, el espacio está en blanco, puesto que, se negó a firmar el Acta No.150 - hecho por el que lo destituyeron-; (iii) Es mendaz, puesto El Lic. Edgar Velasteguí Romero, Secretario, falsamente certifica en el Acta No.150, que la misma se aprobó por unanimidad y el 4 de julio de 2008; y (iv) En el Acta No.150, cambian al anterior Gerente General de la AGD y nombran en su reemplazo a Carlos Bravo Macías, abogado vinculado a Juan Falconí Puig, el enemigo manifiesto de la familia Isaías, con el claro propósito de ejecutar la incautación de los bienes de la familia Isaías.

Carlos Bravo Macías, Gerente General de la AGD, usó como fundamento de sus resoluciones de incautar las empresas de la familia Isaías, de 8 de julio de 2008 y posteriores, el Acta No.150 del Directorio de la AGD, no obstante que la supuesta resolución del Directorio de la AGD, de 4 de julio de 2008, tenía otros varios defectos adicionales que impedían utilizarla legítimamente: (i) Insuficiencia de poder, ya que no contenía la orden o mandato claro y preciso de incautar a la familia Isaías, sino el general de aplicar el artículo 29 de la Ley de Reordenamiento Ibídem; y (ii) Era nula, no tenía valor jurídico alguno por falta de la firma del Ministro de Finanzas, Fausto Ortiz de la Cadena. Ambas circunstancias son consecuencia lógica y jurídica de las disposiciones del artículo 22 de la Ley de Reordenamiento Ibídem, que establece al Directorio como órgano de Gobierno de la AGD y al Gerente General como un mero ejecutor del Directorio, y al hecho que la firma del Ministro de Finanzas es una exigencia legal expresa para que una resolución del Directorio de la AGD tenga valor.

Estamos en presencia de una situación totalmente escandalosa. La resolución que sirve de fundamentos a las incautaciones a que se refiere el numeral 3.1.10., es falsa, no está firmada por el principal funcionario llamado a otorgarla y no tiene ningún valor jurídico.

3.1.10. La incautación de bienes a la familia Isaías por parte de la Agencia de Garantía de Depósitos (AGD). Resolución No. AGD-UIO-GG-12 de 8 de julio de 2008 y posteriores:

La decisión política de las más altas autoridades del gobierno del Estado Ecuatoriano, en orden a llevar a la práctica la confiscación de los bienes de la familia Isaías y, en especial, de su conglomerado de medios de comunicación, contempló también la planificación, investigación y coordinación previa, entre autoridades civiles, militares y policiales. El resultado fue que el **8 de julio de 2008,** Carlos Bravo Macías, Gerente General de la Agencia de Garantía de Depósitos (AGD), no sólo comenzó a expedir resoluciones de incautación sobre cientos de empresas y bienes de la familia Isaías, sino que también, ese día se ejecutaron numerosos y complejos operativos militares para la incautación de dichas empresas.

a.- Las Resoluciones de incautación. Fundamentos invocados:

Las resoluciones de incautación dictadas por el Gerente General de la Agencia de Garantía de Depósitos (AGD), Carlos Bravo Macías, en contra de la familia Isaías, invocan como fundamentos, lo siguiente: (i) El Acta No.150 del Directorio de la AGD, de 4 de julio de 2008, a que nos referimos en el numeral anterior; (ii) El informe de Deloitte & Touche de 2001, a que se refiere el numeral 3.1.5. de este documento; y (iii) El Artículo 29 de la Ley de Reordenamiento en Materia Económica en el área Tributario Financiero. Las resoluciones de incautación, ya referidas, son las siguientes:

Número de Resolución	Fecha de Resolución
AGD-UIO-GG-2008-12	8 de Julio de 2008
AGD-UIO-GG-2008-18	8 de Julio de 2008
AGD-UIO-GG-2008-18-A	8 de Julio de 2008
AGD-UIO-GG-2008-19	10 de Julio de 2008
AGD-UIO-GG-2008-21	13 de Julio de 2008
AGD-UIO-GG-2008-23	16 de Julio de 2008
AGD-UIO-GG-2008-26	31 de Julio de 2008
AGD-UIO-GG-2008-0034	12 de Agosto de 2008
AGD-UIO-GG-2008-035	12 de Agosto de 2008
AGD-UIO-GG-2008-57	19 de Septiembre de 2008
AGD-UIO-GG-2008-063	25 de Septiembre de 2008
AGD-UIO-GG-2008-065	29 de Septiembre de 2008
AGD-UIO-GG-2008-074	13 de Octubre de 2008
AGD-UIO-GG-2008-87	28 de Octubre de 2008
AGD-UIO-GG-2009-015	02 de Febrero de 2009
AGD-UIO-GG-2009-043	17 de Abril de 2009
AGD-UIO-GG-2009-045	21 de Abril de 2009
AGD-UIO-GG-2009-046	21 de Abril de 2009

b.- El art. 29 de la ley de Reordenamiento. Contenido. Generalidades:

Las incautaciones de los bienes y empresas de la familia Isaías, invocan la aplicación del inciso tercero del Art. 29 de la Ley de Reordenamiento en materia Económica en el área tributaria-financiera, modificado por la Ley No.2002-60 de **28 de enero de 2002,** a que se refiere el numeral 3.1.7. de esta denuncia; que introduce la *denominada garantía personal patrimonial de los administradores y accionistas de un banco* - los Isaías entregaron el Filanbanco el **2 de diciembre de 1998**- respecto de los depósitos de bancarios, y establece a la

incautación de bienes, como medio administrativo de hacerla efectiva, a través de la Agencia de Garantía de Depósitos
(AGD) y con la constitución de un fideicomiso en garantía,
mientras se prueba la real propiedad de los bienes incautados
por la AGD, que es una entidad pública.

El inciso tercero del art. 29 de la ley Ibídem, señala:

*"En aquellos casos en que los administradores hayan declara-
do patrimonios técnicos irreales, hayan alterado las cifras de
los balances o cobrado tasas de interés sobre interés, garanti-
zarán con su patrimonio personal los depósitos de la institución financiera, y la Agencia de Garantía de Depósitos podrá
incautar aquellos bienes que son de público conocimiento de
propiedad de estos accionistas y transferirlos a un fideicomiso
en garantía mientras se prueba su real propiedad, en cuyo caso
pasarán a ser recurso de la Agencia de Garantía de Depósitos y
durante este período se dispondrá su prohibición de enajenar"*

El inciso tercero del artículo 29 de la Ley de Reordenamiento
Ibídem, no crea derechos ni acción judicial alguna a la AGD,
simplemente la faculta a expedir actos administrativos en
forma directa y cumpliendo las condiciones, presupuestos y
las formalidades legales.

La realidad es, que la presunción constitucional y administrativa de inocencia exige que para aplicar el inciso tercero
del artículo 29 Ibídem, exista una sentencia judicial previa
de condena, ya sea por declaración de patrimonios técnico
irreales, alteración de balances o anatocismo. La aplicación
del art. 29 de la Ley de Reordenamiento Ibídem, surge como
una consecuencia de una sentencia judicial.

En ningún caso, el art. 29 de la Ley de Reordenamiento Ibídem, faculta a la AGD para ejecutar o perseguir los bienes sin que exista *una sentencia judicial con autoridad de cosa juzgada,* que determine que dichas personas han incurrido en la responsabilidad prevista, y señale el monto de la obligación que ha de pagarse por daños y perjuicios, conforme dispone el Art. 279 del Código de Procedimiento Civil.

c.- La resolución de incautación No.AGD-UIO-GG-2008-12 de 8 de julio de 2008 y posteriores son resoluciones administrativas. Impugnables de acuerdo a las normas generales:

La resolución No.AGD-UIO-GG-2008-12 expedida el 8 de julio de 2008 y posteriores de incautación expedidas por Carlos Bravo Macías como Gerente General de la AGD son *resoluciones administrativas* y como tales impugnables en sede administrativa o judicial, conforme las reglas generales.

Las resoluciones de incautación fueron expedidas por Carlos Bravo, Gerente General y representante legal de la Agencia de Garantía de Depósitos (AGD), una entidad de derecho público, autónoma, dotada con personalidad jurídica propia y gobernada por un Directorio, integrado por 4 (cuatro) miembros: (i) El Ministro de Finanzas, (ii) un representante personal del Presidente de la República, (iii) un miembro del Directorio del Banco Central, y (iv) un miembro de la ciudadanía elegido por el Presidente de la República. Todo de conformidad con lo dispuesto en el Art. 22 de la Ley de Reordenamiento en materia económica en el área tributario-financiera.

La AGD forma parte de la denominada *Administración Pública Institucional de la Función Ejecutiva* y le son aplicables las normas contenidas en el Estatuto de Régimen Jurídico Administrativo de la Función Ejecutiva (ERJAFE), de conformidad con lo dispuesto en el artículo 7 (sobre administración pública institucional) y art. 2 literal ch) (sobre ámbito de aplicación).

El ERJAFE establece remedios o recursos administrativos que pueden intentar los representados en contra de una resolución administrativa que lesiona sus derechos subjetivos directos, a saber: 15 (quince) días para interponer recurso de *reposición* y/o recurso de *apelación* y 3 (tres) años para interponer recurso de *revisión,* de conformidad con lo dispuesto en los artículos 174, 175, 176, 177 y 178 del ERJAFE.

El propio ERJAFE en su Art. 179 literal a), establece que la vía administrativa termina por las resoluciones de los recursos de apelación y revisión. Por otra parte, el Ordenamiento Jurídico ecuatoriano contempla que las resoluciones administrativas de efectos particulares pueden ser impugnadas también en la vía judicial contencioso administrativa, incluso antes de agotar la fase administrativa, así se desprende del Art. 38 de la Ley de Modernización del Estado y artículos 2 y 3 de la Ley de la Jurisdicción Contencioso administrativa, que otorga 90 (noventa) días para interponer el *recurso subjetivo o de plena jurisdicción.*

A mayor abundamiento, existe jurisprudencia administrativa en un caso análogo, la resolución de incautación expedida por la AGD en 2003, No.AGD-GG-GCI-2003-001, de 17 de octubre de 2003, sobre el Banco de Préstamos, donde se aprecia la expresa mención a la aplicación normativa de los medios de impugnación contemplados en el ERJAFE, en el artículo 2 de dicha resolución.

En consecuencia, la Resolución No.AGD-UIO-GG-2008-12 y las posteriores sobre incautación de bienes de la familia Isaías, podían impugnarse en forma eficaz, tanto en la fase administrativa como en la fase judicial contenciosa –administrativa, por aplicación de las normas generales. Sin embargo, a través del Mandato Constituyente No.13 y del Instructivo de Procedimientos para la Determinación del Origen Lícito y Real Propiedad de los Bienes Incautados, a que se refieren los numerales 3.1.11. y 3.1.12. de este documento, respectivamente, se negó el acceso a la tutela de la justicia y se garantizó la indefensión de los afectados, para que los bienes incautados pasaran rápidamente y mediante una simple resolución administrativa, a ser activos de la Agencia de Garantía de Depósitos (AGD).

d.- Las resoluciones de incautación no son sentencias judiciales:

Las resoluciones de incautación expedidas por Carlos Bravo Macías, en su calidad de Gerente General y representante legal de la AGD, no son sentencias judiciales ni tienen el valor de una sentencia judicial.

Solamente los jueces y tribunales colegiados de la República ejercen jurisdicción y pueden expedir sentencias judiciales, las que una vez agotados los medios de impugnación previstos en la ley adquieren la calidad de firmes, ejecutoriados o pasados en autoridad de *cosa juzgada*.

En el Ecuador las sentencias judiciales llevan una frase que las identifica como tales, de otras providencias judiciales de menor entidad, antes de la parte dispositiva o resolutiva expresaban: "ADMINISTRANDO JUSTICIA EN NOMBRE DE LA REPÚBLICA Y POR AUTORIDAD DE LA LEY", de conformidad con el antiguo art. 179 de la Ley Orgánica de la Función Judicial. Ahora desde el 9 de marzo de 2009, bajo el Art. 138 del Código Orgánico de la Función Judicial deben decir: "ADMINISTRANDO JUSTICIA EN NOMBRE DEL PUEBLO SOBERANO DEL ECUADOR Y POR AUTORIDAD DE LA CONSTITUCION Y LA LEYES DEL ECUADOR."

Las resoluciones administrativas de incautación no contienen estas fórmulas sacramentales de las sentencias, ni han sido expedidas por un miembro del poder judicial, ni dentro de un proceso judicial.

e.- La incautación es una decisión política:

La decisión de incautar fue eminentemente una decisión política. Todos estos eventos están documentados en la prensa, página 6 de El Telégrafo (Diario del Gobierno) de 9 de julio de 2008, a saber: (i) La fase preparatoria inicial, el 26 de junio de 2008, cuando el Presidente de la República, Rafael Correa Delgado se reunió con el Directorio de la AGD; (ii) El 1 de julio de 2008, se reunieron como actores principales, El Presidente de la República, Rafael Correa Delgado, Juan Falconí Puig y Carlos Bravo Macias, entre otros, en el Palacio de Gobierno, con la excusa de compartir la transmisión de un partido de futbol; y (iii) La fase decisoria final, tuvo lugar también en el Palacio de Gobierno, la noche del 7 y la madrugada del 8 de julio de 2008, en una reunión especial, con el gabinete de Ministros de Estado, en presencia del Presidente Rafael Correa Delgado, Carlos Bravo, Fausto Ortiz de la Cadena y otros, donde se tomó la decisión final y, por orden presidencial, se ejecutó la incautación.

f.- La incautación una decisión sin base jurídica, ilegal y con falsedades:

La decisión de incautar fue tomada sin base jurídica alguna, puesto que se basó en aplicar la garantía personal patrimonial de los accionistas y administradores de instituciones financieras y la incautación como medio para hacerla efectiva, contenida en el inciso tercero del Art. 29 de la Ley de Reordenamiento en Materia Económica, e introducida por el Art. 4 de la Ley No.2002-60 publicada en el Suplemento del Registro Oficial No.203 de **28 de enero de 2002**; a los hermanos Isaías que entregaron el Filanbanco a la Agencia de Garantía de Depósitos (AGD), el **2 de diciembre de 1998.**

La decisión de incautar no tiene base jurídica y es ilegal, por las razones siguientes: (i) El art. 4 de la Ley 2002-60 no puede aplicarse *con efecto retroactivo* a hechos de 1998; (ii) Los hermanos Isaías no estaban incursos en ninguno de los presupuestos legales del inciso tercero del artículo 29 de la Ley de Reordenamiento Ibídem, ya que no existe sentencia condenatoria contra ellos por alteración de balances, declaración de patrimonios técnicos irreales o anatocismo, como lo exige el principio constitucional y administrativo de la presunción de inocencia; y (iii) Se pretende hacer efectiva una garantía patrimonial que es exclusiva para los pasivos (depósitos) de una institución financiera, a los activos (créditos) supuestamente impagos, que es a lo que se refiere el informe de Deloitte & Touche de 2001.

Por otra parte, la resolución de incautar tiene su fundamento necesario en la el Acta No.150 del Directorio de la Agencia de Garantía de Depósitos (AGD), a que se refiere el numeral 3.1.9. de esta denuncia, que como expusimos ampliamente: (i) es un instrumento público otorgado con *falsedades ideológicas,* un delito tipificado en el artículo 339 del Código Penal; (ii) No está firmada por el Ministro de Finanzas, el principal funcionario público llamado a firmarla; y (iii) No tiene valor jurídico.

La ejecución o cumplimiento de las incautaciones revela otras falsedades e ilegalidades adicionales, que quedan a la vista: (i) En la misma madrugada del 8 de julio de 2008, Carlos Bravo Macías, auxiliado por la fuerza pública ejecutó la primera resolución de incautación, expedida por él mismo, la No. AGD-UIO-GG-12, el **8 de julio de 2008**, una resolución de 9 páginas, que incautaba varios centenares de empresas y que obviamente había sido preparada y redactada en forma previa. Acto seguido, Carlos Bravo Macías expedirá otras dos resoluciones como dictadas también el 08 de julio, la AGD-UIO-GG-2008-18 y AGD-UIO-GG-2008-18ª; (ii) En un operativo militar, sorpresivo y nocturno, se procedió a la incautación del 8 de julio de 2008, y se allanaron ilegalmente y por la fuerza los domicilios de las empresas, sin contar con el consentimiento de los afectados ni con orden judicial, como lo exige expresamente el Artículo 163 No.3 del Estatuto de Régimen Jurídico Administrativo de la Función Ejecutiva (ERJAFE).

3.1.11. Mandato Constituyente No.13, expedido por el Pleno de la Asamblea Constituyente, el 9 de julio de 2008 y publicado en el Suplemento del Registro Oficial No.378 del 11 de agosto de 2008:

De todos los eslabones de esta verdadera cadena normativa conformada para la persecución política y judicial de la familia Isaías, el que más se destaca es, el Mandato Constituyente No.13, dictado a solicitud de un grupo de Asambleístas Constituyentes partidarios del gobierno, que pidieron en forma expresa y consiguieron, en el mismo día, negar el acceso a la justicia a los hermanos Isaías, en contra de todos los principios y normas del Ordenamiento Jurídico Interno y de las Convenciones de DD.HH suscritas y ratificadas por el Estado Ecuatoriano.

a.- Breve reseña sobre la Asamblea Constituyente y los Mandatos Constituyentes:

La estrategia política del Gobierno del Presidente Rafael Correa Delgado, contemplaba reemplazar la Constitución de 1998. Hecho que no se hizo mediante la aplicación de las normas que permitían reformarla y estaban contenidas en la misma constitución. Por el contrario, mediante un plebiscito o referéndum vinculante, la ciudadanía del Ecuador aprobó la conformación de una Asamblea Constituyente con plenos poderes para redactar una nueva Constitución y después de elegidos los Asambleístas, éstos reunidos en la ciudad de Montecristi, produjeron la actual Constitución de 2008.

El primer acto de la Asamblea Constituyente fue darse un Reglamento de Funcionamiento el 11 de diciembre de 2007.

En su Art.2 del reglamento, la Asamblea se auto faculta para aprobar diferentes normas jurídicas, en orden de jerarquía normativa: 1. El texto de la constitución, 2. Mandatos Constituyentes y después otras normas de menor entidad. El art. 3 del Reglamento dispuso que ninguna decisión de la Asamblea era susceptible de control o impugnación por parte de alguno de los poderes constituidos. La validez y efectos de los Mandatos Constituyentes, una realidad normativa transitoria para la vigencia del funcionamiento de la Asamblea Constituyente, fue muy discutida puesto que todavía regían las normas de la Constitución de 1998 y entraban en pugna con muchas de ellas.

b.- <u>El Mandato Constituyente No.13. Contenido</u>:

El Mandato Constituyente No. 13 se origina en una moción del 9 de julio de 2008 -un día después de las incautaciones- de un grupo de asambleístas cercanos al gobierno, dirigido expresamente contra los Isaías y se aprobó en el mismo día, con el claro propósito de: (i) Intentar subsanar los vicios y defectos que afectaban el origen y efectos de la resolución No.AGD-UIO-GG-2008-12 de 8 de julio de 2008; (ii) Impedir el acceso a la tutela judicial de la familia Isaias, a la que está expresamente dirigida la moción; (iii) Sancionar penal y civilmente a los jueces que admitan al trámite acciones constitucionales o especiales en contra de las incautaciones; y (iv) Dispuso que la AGD debe aplicar el Artículo 29 de la Ley de Reordenamiento en Materia Económica en el área Tributario-Financiero a todos los accionistas y administradores de bancos que cerraron y pasaron a control de la AGD y que se encuentran incursos en el artículo 29 de la Ley ibídem.

Hechos subsecuentes:

Posteriormente al Mandato 13, Carlos Bravo Macías expedirá muchas otras resoluciones, con otros números y fechas, para la incautación de otras empresas de la familia Isaías y terceros, en todas ellas recurrirá a una ficción inusual y no prevista en la ley, de pretender que éstas nuevas empresas o activos incautados "*se incorporan en la parte que corresponda*" a la del 8 de julio de 2008. Todo ello con la sola intención de extender el blindaje del Mandato 13 a estas otras resoluciones, puesto que el Mandato 13 sólo menciona a la resolución No.AGD-UIO-GG-12 de 8 de julio de 2008, esto es, a la primera resolución de incautación.

c.- El Mandato Constituyente No. 13. Supremacía Normativa de la Constitución:

Una vez aprobada la Constitución de 2008, cumplida la finalidad y primera prioridad de la Asamblea Constituyente, vigente su texto desde su publicación en el Registro Oficial No.449 de 20 de octubre de 2009, por aplicación del principio de la *supremacía normativa* de la Constitución, no hay ni puede haber otra norma que se le oponga, así lo expresa el art. 424 de la Constitución de 2008. Los Mandatos Constituyentes *ab initio* no tenían mayor jerarquía normativa que el texto Constitucional que aprobara la Asamblea Constituyente, según el Reglamento de la Asamblea, ni lo tienen ahora bajo el imperio de la Constitución de 2008. A mayor abundamiento, los Mandatos Constituyentes ni siquiera son mencionados en la jerarquía normativa que establece el art. 425 de la Constitución de 2008.

Posteriormente, la Función Legislativa tuvo que modificar un mandato, el Mandato Constituyente No.2, y para ello recurrió a una Ley Orgánica, de manera que le atribuyó esta jerarquía normativa a los Mandatos Constituyentes, conforme aparece en el Suplemento del Registro oficial No.642, de 27 de Julio de 2009.

Por tanto, es evidente que, tanto a la luz de la Constitución de 1998, y de conformidad con lo dispuesto en la Constitución de 2008, el Mandato Constituyente No.13 es inconstitucional y violatorio de los tratados internacionales suscritos y ratificados por el Ecuador, que garantizan el acceso a la Justicia. Sin embargo, se ha aplicado el Mandato No.13 para impedir todas las acciones intentadas en el Ecuador por la familia Isaías o sus agentes. No obstante existir normas constitucionales expresas que permiten la impugnación de los actos administrativos, el derecho constitucional a la tutela judicial y la supremacía de las normas y derechos constitucionales, a saber: art. 11 No.4, art. 75, art. 76 No.7 literal a), art. 173, art. 424, art. 425 y art. 426 de la Constitución de 2008.

3.1.12.- Resolución No.AGD-UIO-D-2008-153-001 del Directorio de la AGD, expedido el 24 de julio de 2008 y publicado en el Registro Oficial No.393, de fecha 31 de julio de 2008, denominado: "Instructivo de Procedimientos para la determinación del origen lícito y real propiedad de bienes incautados":

Otro eslabón de esta cadena normativa de la persecución política y judicial contra los hermanos Isaías, es este autodenominado *Instructivo,* en realidad, un simple acto administrativo del Directorio de la Agencia de Garantía de Depósitos (AGD), que mediante la argucia de tomar el nombre de Instructivo, suplanta las normas administrativas de nivel superior aplicables, sin que la AGD tenga capacidad reglamentaria, o para expedir normas de aplicación general. De esta manera, se logra consolidar la confiscación de bienes, mediante la burla de la ley, al no respetarse la propiedad privada y al no respetarse el debido proceso administrativo y judicial.

Las autoridades de la administración pública central e institucional del Estado, no conformes con el blindaje jurídico que obtuvieron con el Mandato Constituyente No.13, para negar el acceso a la justicia a la familia Isaías frente a las incautaciones de la AGD, expidieron mediante Resolución No.AGD-UIO-D-2008-153-001, del Directorio de la AGD, un "*Instructivo de Procedimientos para la determinación del origen lícito y real propiedad de bien incautados*", de este modo lograron garantizar la discrecionalidad e indefensión frente a la AGD, ahora de parte de los terceros, ajenos a los ex accionistas de Filanbanco, que se encuentren afectados por las incautaciones. Así se cerró el cerco, se negó a todos la posibilidad de una reclamación eficaz por las incautaciones efectuadas por la AGD.

En contraste, existe jurisprudencia administrativa en un caso análogo, la resolución de incautación expedida por la AGD en 2003, No.AGD-GG-GCI-2003-001, de 17 de octubre de 2003, sobre el Banco de Préstamos, donde se aprecia la expresa mención a la aplicación normativa de los medios de impugnación contemplados en el ERJAFE, en el artículo 2 de dicha resolución.

El Instructivo, ya señalado, se expide el 24 de julio de 2008 -con posterioridad al 8 de julio de 2008, fecha de la incautación de los bienes de la familia Isaías - como el procedimiento especial de reclamo de terceros afectados por las incautaciones para propender a su indefensión al sustraerlos de los derechos, términos y procedimiento normales de reclamo del Estatuto Jurídico Administrativo de la Función Ejecutiva (ERJAFE), publicado originalmente en el Segundo Suplemento de del Registro Oficial No.411 de 31 de marzo de 1994, después modificado principalmente en el Registro Oficial No.536, de 18 de marzo de 2002 y en el Registro Oficial No.733 de 23 de diciembre de 2002.

Este Instructivo, contenido en la Resolución del Directorio de la AGD No.AGD-UIO-D-2008-153-001, dispone lo siguiente:

a.-Establece normas generales para la aplicación del Artículo 29 de la Ley de Reordenamiento en materia Económica en el área tributario financiera, infringiendo el Artículo 171 No.5 de la Constitución de 1998, que exigía al efecto de un *Reglamento* expedido por el Presidente de la República.

b.-Establece normas jurídicas de efectos generales como un *acto normativo de la administración*, pero sin tener competencia para ello, ya que el Artículo 22 de la Ley de Reordenamiento Ibídem sólo faculta al Directorio para dictar reglas de funcionamiento interno. Así también se incumple con el Artículo 141 No.6 de la Constitución de 1998 y el artículo 81 del ERJAFE, que requieren expresa facultad legal para expedir normas de efectos generales.

c.- El art. 3 del Instructivo establece un procedimiento especial para un *reclamo administrativo* que debe presentarse ante el Gerente General de la AGD, apartándose de toda la normativa jerárquicamente superior y aplicable del ERJAFE vigente. Así se incumple con lo dispuesto en el ERJAFE, en especial, en el art. 2 literal ch) (sobre ámbito de aplicación), en art.100 (sobre procedimiento administrativo común) y la Disposición Final Primera (sobre que las normas procesales del ERJAFE prevalecen sobre toda otra norma procedimental administrativa aplicable).

d.- El art. 8 del Instructivo exige la historia de las transacciones realizadas y origen de fondos para la adquisición de los bienes incautados por un lapso mínimo de 15 (quince) años, circunstancia que: (i) incumple y desconoce que los plazos para la prescripción adquisitiva ordinaria de inmuebles es de 5 (cinco) años y de 3 (tres) para muebles, conforme el Artículo 2408 del Código Civil; (ii) incumple y desconoce que la prescripción tributaria de oficio es de 5 (cinco) o 7 (siete) años, según el caso, como dispone el Artículo 55 del Código Tributario y que la prescripción aduanera de oficio es de 3 (tres) años ,conforme dispone el Art. 23 de la Ley Orgánica de Aduanas.

e.- El art.12 del Instructivo establece un plazo de 60 (sesenta) días calendario (sin suspensión), para que las personas afectadas con las incautaciones se sometan al instructivo y presenten su documentación, lo que incumple el art. 118 del ERJAFE que expresa que los plazos o términos son de días hábiles y se suspenden los sábados, domingos y festivos.

f.- El art. 15 del Instructivo establece que en caso que no se

califique a los afectados como reales propietarios, o si no
comparecieron dentro de los 60 (sesenta) días calendario señalados, los bienes pasarán a ser definitivamente de propiedad de la AGD. Esto incumple con los derechos, recursos y
remedios que establece el ERJAFE y la Ley de la Jurisdicción
Contencioso Administrativa, puesto que da por firme y ter-
minada una situación jurídica, que en realidad, está pendiente y sujeta a los términos de los recursos del ERJAFE, que da
15 (quince) días a 2 (dos) meses, según el caso, o 3 (tres) años
si es un recurso de revisión, y los propios de la vía judicial
contencioso-administrativa, que tiene términos de 90 (noventa) días a 3 (tres) años, según el caso, todo conforme dis-
ponen los artículos 174, 175, 176, 177 y 178 del ERJAFE y art.
65 de la Ley de la Jurisdicción Contencioso Administrativo.
Además esto infringe el Art. 173 de la Constitución de 2008
que dispone que los actos administrativos de las autoridades
pueden ser impugnados por la vía administrativa o judicial.

**3.1.13. Resoluciones declarando los bienes incautados de
real propiedad de los ex accionistas de Filanbanco y activos de la Agencia de Garantía de Depósitos (AGD):**

Siguiendo los eslabones de la cadena normativa contra la familia Isaías, una vez negados los medios de defensa y el acceso a la justicia, la autoridad recurre a otro acto de la administración, es la propia Agencia de Garantía de Depósitos
(AGD), la que declara mediante resolución administrativa
que los bienes incautados son, efectivamente, de real propiedad de los ex accionistas de Filanbanco y, en razón de ello,
pasan a ser activos de la Agencia de Garantía de Depósitos
(AGD), al tenor de lo dispuesto en el artículo 29 de la Ley de

Reordenamiento en Materia Económica en el Area Tributario Financiero.

Nos referimos a la resolución AGD-UIO-GG-2009-020 de **10 de febrero de 2009** y siguientes: AGD-UIO-GG-2009-22; AGD-UIO-GG-2009-   AGD-UIO-GG-2009-28;   AGD-UIO-GG-2009-30;   AGD-UIO-GG-2009-   40;   AGD-UIO-GG-2009-41;   AGD-UIO-GG-2009-45;   AGD-UIO-GG-2009-58 y AGD-UIO-GG-2009-75. Todas ellas declaran los bienes incautados de real propiedad de los ex accionistas de Filanbanco y por ello activos de la Agencia de Garantía de Depósitos.

Hechos subsecuentes:

1.- Se ordena emitir títulos de acciones a nombre de la Agencia de Garantía de Depósitos en reemplazo de los accionistas originales incautados.

No existe disposición legal o societaria en que se pueda fundamentar, en forma legítima y válida, la sustitución del título de acciones de los accionistas de empresas incautadas a la Agencia de Garantía de Depósitos (AGD). El artículo 29 de la Ley de Reordenamiento en Materia Económica no lo contempla de modo alguno, peor cuando todavía no se ha cumplido con un paso previo claramente previsto en el inciso final de la citada disposición, esto es, que los bienes incautados pasen a un fideicomiso en garantía. Por su parte la Ley de Compañías solamente contempla la emisión de nuevos títulos como consecuencia de una cesión voluntaria de acciones, o por extravío o destrucción, de conformidad con lo dispuesto en los Art. 188 y 197 de la Ley de Compañías (Derecho

Público), circunstancias que no concurren en este caso. En consecuencia, la anulación y emisión de un nuevo título, aún con la aquiescencia de la Superintendencia de Compañías, será nula y sin ningún valor y por lo tanto no habrá una verdadera y eficaz transferencia de la propiedad a la Agencia de Garantía de Depósitos (AGD). Además, se infringe el Art. 82 sobre derecho a la seguridad jurídica y Art.323 parte final sobre prohibición de la confiscación, ambos de la Constitución.

2.- En virtud de las normas sobre aplicación inmediata y directa contempladas en el Art. 11 No.3 (sobre aplicación directa e inmediata de derechos constitucionales y de tratados sobre derechos humanos) de la Constitución; las disposiciones sobre supremacía de las normas constitucionales a que se refiere el art. 424 y 425 de la Constitución, además de toda la normativa internacional aplicable y contenida en las Convenciones Internacionales sobre DD.HH. ratificadas por el Ecuador; todo lo actuado es una arbitrariedad y una confiscación encubierta.

3.-Declaradas las empresas y bienes incautados a la familia Isaías como activos de la Agencia de Depósitos (AGD), se debió contabilizarlos como activos de la AGD y rebajar dicho valor de la cuenta que se pretendía cobrar a los Isaías. Sin embargo, se duplicó la deuda al pretender cobrar nuevamente ese valor a la familia Isaias, como se verá más adelante, en el numeral siguiente.

3.1.14. Notificación de Deuda en 2010:

El siguiente eslabón de la cadena de abusos en contra de los hermanos Isaías, es la notificación de la deuda, el **30 de**

marzo de 2010, por US $ 777.870.777.- (setecientos setenta y siete millones, ochocientos setenta mil, setecientos setenta y siete). Se trata de un hecho posterior a la incautación de 2008, de cientos de empresas de la familia Isaías y que fueron declaradas en 2009, activos de la Agencia de Garantía de Depósitos (AGD).

Este proceder de las autoridades gubernamentales, revela hechos y circunstancias abiertamente irregulares: (a) Cuando incautaron en 2008, no habían determinado el valor de la supuesta deuda, simplemente, incautaron a diestra y siniestra lo que querían, sin tener una deuda determinada, líquida y exigible que cobrar. (b) La supuesta deuda solamente aumenta de valor, la creatividad gubernamental es la fuente de la obligación, primero era de US $661.500.000.- (seiscientos sesenta y un millones, quinientos mil), el valor del informe de Deloitte & Touche de 2001, ahora dicen que son US $ 777.870.777.- (setecientos setenta y siete millones, ochocientos setenta mil, setecientos setenta y siete); (c) La supuesta deuda no se puede rebajar de modo alguno, ninguna autoridad se ha molestado en deducir los activos entregados por los Isaías y el valor de los bienes incautados a los Isaías, como son:

(i) US $158.000.000.-(ciento cincuenta y ocho millones), de las cuentas patrimoniales que los ex accionistas de Filanbanco, dejaron para amortizarlas con la cartera de difícil recuperación.

(ii) US $65.000.000.- (sesenta y cinco millones), correspondiente al valor de los bienes del Fideicomiso AGD, dejados como garantía adicional de eventuales pérdidas, adicionales a las cuentas patrimoniales de los ex accionistas privados de Filanbanco.

(iii) US $400.000.000.- (cuatrocientos millones) que las autoridades admiten como el valor de las empresas incautadas a la familia Isaías, pero que nosotros estimamos en US$800.000.000.-(ochocientos millones), a lo menos.

El Oficio No.MF-DM-CAGD-2010-1565 de **30 de marzo de 2010,** suscrito por el Abg. Efrén Roca Alvarez, Coordinador General de la Unidad de Administración de Activos y Derechos de la Ex Agencia de Garantía de Depósitos, del Ministerio de Finanzas, pone en conocimiento del Ab. Xavier Castro, procurador judicial de Roberto y William Isaías Dassum, el Oficio No.218 de 29 de marzo de 2010, que se refiere al estado del asiento contable correspondiente al balance entregado el 31 de diciembre de 2009, por parte del ex Gerente General de la Agencia de Garantía de Depósitos (AGD). Por su parte, el referido Oficio de 29 de marzo de 2010, No.MF-SCG-2010, suscrito por Gustavo Acuña Morán, informa:

1.- Que se ha registrado el valor de US$477.358.000.-(cuatrocientos setenta y siete millones trescientos cincuenta y ocho) con cargo a Roberto y William Isaías Dassum correspondiente a valor neto de cartera de Filanbanco S.A. al **30 de junio de 2009** - los hermanos Isaías entregaron el Banco el 2 de diciembre de 1998 - según el informe del Director Nacional de Entidades en Liquidación.

2.-Se ha registrado en cuentas de Orden, el valor de US$300.512.777.- (trescientos millones quinientos doce mil setecientos setenta y siete) con cargo a Roberto y William

Isaías Dassum, correspondientes a los intereses sobre el capital antes indicado, calculados en un período de diez años, contado desde el 2 de diciembre de 1998 **al 31 de diciembre de 2009,** a una tasa anual de 5,60 %.

Sobre el particular, debemos precisar lo siguiente:

a.- No existe la obligación de pago que reclama la AGD:

En nuestro Derecho las fuentes de obligaciones son cinco. El artículo 1453 del Código Civil establece las cinco (5) fuentes de las obligaciones que reconoce nuestro Derecho: (i) el contrato, (ii) el cuasi contrato, (iii) el delito, (iv) el cuasi delito y (v) la ley. A saber:

"Las obligaciones nacen, ya del concurso real de las voluntades de dos o más personas, como en los contratos o convenciones; ya de un hecho voluntario de la persona que se obliga, como en la aceptación de una herencia o legado y en todos los cuasicontratos; ya a consecuencia de un hecho que ha inferido injuria o daño a otra persona, como en los delitos y cuasidelitos; ya por disposición de la ley, como entre los padres y los hijos de familia."

El Artículo 2184 del Código Civil se refiere a las fuentes no convencionales de las obligaciones y deja muy claro que solamente son: (i) la Ley, (ii) el cuasicontrato, (iii) el delito y (iv) el cuasidelito. A saber:

"Las obligaciones que se contraen sin convención, nacen, o de la ley, o del hecho voluntario de una de las partes: las que nacen de la ley se expresan en ella.

Si el hecho de que nacen es lícito, constituyen un cuasicontrato.

Si el hecho es ilícito y cometido con intención de dañar, constituye un delito.

Si el hecho es culpable, pero cometido sin intención de dañar, constituye un cuasidelito.".

Por su parte, el Artículo 1454 del Código Civil, define el Contrato de la manera siguiente:

"Contrato o convención es un acto por el cual una parte se obliga para con otra a dar, hacer o no hacer alguna cosa. Cada parte puede ser una o muchas personas."

En el caso de los hermanos Isaías, no existe disposición legal, contrato, cuasicontrato, delito, cuasidelito o una sentencia judicial ejecutoriada que declare que ellos deben a la AGD los US$661.500.000.-(seiscientos sesenta y un millones quinientos mil) del informe de Deloitte & Touche u otro valor. El informe de Deloitte & Touche no establece obligación de pago respecto de los hermanos Isaías, tampoco que los hermanos Isaías deben la deuda notificada en 2010.

Por el contrario, el examen del Convenio de Reestructuración y de las garantías adicionales prestadas por los Isaías al entregar Filanbanco a la AGD, constantes en el Fideicomiso AGD, determinan que existe: (i) un *pago por subrogación* (Arts. 1624 y 1628 del Código Civil) por la amortización de las cuentas patrimoniales de los accionistas de Filanbanco contra la cartera de difícil recuperación, por valor de US$158.000.000.-(ciento cincuenta y ocho millones), que así fue declarado por sentencia judicial ejecutoriada en el juicio No.147-d-2001; (ii) un *convenio extintivo de obligaciones*, y (iii) una *transacción preventiva* (Art. 2348 del Código Civil).

La auditoría de Price Waterhouse, contemplada en el Convenio de Restructuración de Filanbanco, tenía como objetivo establecer los saldos finales, para aplicar o devolver las garantías adicionales contenidas en el Fideicomiso AGD.

Respecto del informe de procedimientos convenidos de Deloitte & Touche de 2001, nos remitimos a lo expresado en el numeral 3.1.5. de esta denuncia. No es fuente de obligaciones contra los Isaías.

Finalmente, la simple notificación de la deuda en 2010, no es fuente de obligaciones para los Isaías, ni de capital ni de intereses. Notificación de deuda que, además, fue debidamente impugnada por sus representantes.

3.1.15. La resolución de la Superintendencia de Bancos No. SBS-2010-172 de 8 de abril de 2010, publicada en el Registro Oficial No.197 de 20 de mayo de 2010:

Esta resolución administrativa de la Superintendencia de Bancos, perseguía dos objetivos:

1.- Transferir todos los activos de Filanbanco al Banco Central del Ecuador (BCE):

La resolución tiene por objeto traspasar o transferir todos los activos de Filanbanco S.A. En liquidación, sean muebles o inmuebles, al Banco Central del Ecuador (BCE):

En el caso de los inmuebles, la transferencia a favor del Banco Central del Ecuador (BCE) se producirá como consecuencia de haberse declarado concluido el proceso de liquidación de Filanbanco S.A. y mediante la inscripción de la transferencia de dominio de los inmuebles materia de la escritura de transferencia global de activos, de 31 de marzo de 2010, otorgada ante el Notario Séptimo del Cantón Guayaquil, de conformidad con lo dispuesto en el art. 2 de la resolución comentada y en el art. 6 de la Resolución No.JB-2009-1427 ,de 21 de septiembre de 2009.

En el caso de los activos muebles y sus garantías y derechos accesorios, la tradición a favor del Banco Central del Ecuador (BCE) operará *de pleno derecho*, sin necesidad de endosos, notificaciones ni inscripciones, como consecuencia de haberse declarado concluido el proceso de liquidación de Filanbanco S.A. y de haberse instrumentado la transferencia de activos mediante la escritura de 31 de marzo de 2010, otorgada ante el Notario Séptimo del Cantón Guayaquil, conforme dispone el artículo 1 de la resolución comentada, en concordancia, con los artículos 5 y 6 de la Resolución No.JB-2009-1427 de 21 de septiembre de 2009.

2. Extinguir la vida jurídica de Filanbanco:

La resolución persigue cancelar o extinguir la personalidad jurídica o existencia legal de Filanbanco S.A.:

La extinción de la personalidad jurídica de Filanbanco S.A. se realiza mediante la cancelación de la inscripción en el Registrador Mercantil del Cantón Guayaquil y con las subinscripciones o anotaciones marginales que se realizarán al margen del nombramiento de la liquidadora y de la escritura pública matriz de la constitución de *"La Filantrópica Caja de Préstamos y Depósitos"* actualmente Filanbanco S.A. En liquidación, de conformidad con lo dispuesto en el artículo 4 de la resolución comentada.

Finalmente, Filanbanco S.A., después de cumplidas todas las

formalidades legales será dado de baja de los Registros de entidades financieras de la Superintendencia de Bancos y Seguros, conforme ordena el artículo 8 de la resolución comentada.

Observaciones a la resolución No. SBS-2010-172 de 8 de abril de 2010:

a.- Alteración administrativa del modo de adquirir el dominio:

Mediante una simple resolución administrativa y sin reforma legal alguna, inventa una nueva forma de realizar el traspaso de los créditos y garantías, sin endosos, notificaciones o inscripciones.

b.- La incautación de bienes y su efecto. La subrogación legal:

El 8 de julio de 2008, la Agencia de Garantía de Depósitos (AGD) expidió y ejecutó una seguidilla de resoluciones de incautación de los bienes y empresas que presumían eran de los ex accionistas del Filanbanco S.A. comenzando por la Resolución No.AGD-GG-2008-12 y después otras más.

El objetivo de las incautaciones por parte de la Agencia de Garantía de Depósitos (AGD) era hacer que los ex accionistas privados de Filanbanco S.A. respondieran por los valores a que se refiere el informe de Deloitte & Touche de 8 de mayo de 2001, aprobado por la Junta Bancaria mediante resolución No.JB-2008-1084 de 26 de febrero de 2008.

El informe de Deloitte & Touche se refiere a las valores pendientes de pago por parte de los clientes del Filanbanco S.A. al 2 de diciembre de 1998, y la Junta Bancaria en el artículo 2 de la resolución No. No.JB-2008-1084 de 26 de febrero de 2008, señala que el monto es de US$661.500.000.-(seiscientos sesenta y un millones quinientos mil), a que se refiere el numeral 3.1.5. de esta denuncia.

La Agencia de Garantía de Depósitos (AGD) declaró los bienes incautados como de real propiedad de los ex accionistas de Filanbanco S.A. y por ello pasaron a ser recursos de la Agencia de Garantía de Depósitos (AGD), quién después los aportó al Fideicomiso AGD-CFN NO MÁS IMPUNIDAD, otorgado el 19 de marzo de 2009.

El hecho es, que independientemente de las múltiples observaciones y reservas legales que tenemos sobre la legalidad y procedencia de las incautaciones y los actos y contratos posteriores a ellas; conforme la conducta y fundamentos legales con que han procedido las propias autoridades, es incuestionable que los bienes incautados han servido para pagar los activos de Filanbanco S.A. considerados impagos, a que se refiere el informe de Deloitte & Touche de 8 de mayo de 2001.

El *"pago"* de los activos (deudas de clientes) de Filanbanco S.A., descritos en el informe de Deloitte & Touche, mediante los bienes incautados y declarados de propiedad de los ex accionistas de Filanbanco S.A., produce la *subrogación legal*, a que se refiere el Artículo 1626 del Código Civil. El efecto jurídico de esta subrogación está claramente señalada en el artículo 1628 del Código Civil:

"La subrogación tanto legal como convencional, traspasa al nuevo acreedor todos los derechos, acciones, privilegios, prendas e hipotecas del antiguo, así contra el deudor principal, como contra cualesquiera terceros, obligados solidaria o subsidiariamente a la deuda."

Por lo expuesto precedentemente, Filanbanco S.A. perdió su calidad de acreedor frente a los deudores principales (clientes de Filanbanco) o terceros (garantes o codeudores solidarios), puesto que éstas deudas han sido pagadas con la incautación y posterior declaración de propiedad que hizo en su favor la Agencia de Garantía de Depósitos (AGD).

La resolución administrativa desconoce que operó la subrogación legal y sus efectos jurídicos, contemplados en los artículos 1626 y 1628 del Código Civil, y que los verdaderos dueños de los activos (deudas de clientes) de Filanbanco S.A. en liquidación que fueron pagados con los bienes incautados a los ex accionistas privados de Filanbanco S.A. son precisamente los ex accionistas privados.

c. La tradición de bienes ajenos no transfiere el dominio:

La resolución comentada desconoce que por disposición legal la tradición de bienes ajenos no transfiere la propiedad de los bienes porque hay un principio jurídico básico que consiste en que *"nadie puede trasferir más derechos que los que tiene"*, contemplado en el artículo 698 del Código Civil.

d.- La Seguridad jurídica:

La resolución comentada contraviene la seguridad jurídica, contemplada en el artículo 82 de la

Constitución.

e.- El derecho de propiedad:

La resolución No. SBS-2010-172 de 8 de abril de 2010, publicada en el Registro Oficial No.197 de 20 de mayo de 2010, contraviene abiertamente el reconocimiento y garantía expresa que la Constitución otorga al derecho de propiedad en todas sus formas, a que se refiere el artículo 66 No.26 de la Constitución.

Los ex accionistas privados de Filanbanco, tienen derechos de propiedad sobre los activos de Filanbanco que se pretenden traspasar al Banco Central del Ecuador (BCE), en virtud de la subrogación legal de los derechos de acreedor.

f.- Indebida motivación:

La resolución comentada no está debidamente motivada, por la sencilla razón, que un yerro de la magnitud del contenido en ella no podría cumplir con obligación constitucional de motivación que exige el Artículo 76 No.7, Literal i) de la Constitución. En consecuencia la resolución no está debidamente motivada y es nula. Artículo 76 No.7, Literal i) de la Constitución:

"Los actos administrativos, resoluciones o fallos que no se encuentren debidamente motivados se considerarán nulos."

g.- El deber de acatar y cumplir la ley y la Constitución:

La resolución administrativa contraviene disposiciones constitucionales expresas, como la responsabilidad de acatar y cumplir la ley y la Constitución, art. 83 de la Constitución.

h.- Todas las autoridades e instituciones están sujetas a la Constitución:

La resolución administrativa, expresa o tácitamente, desconoce que todas las personas, autoridades e instituciones están sometidas a la Constitución, y a través de ella, al Ordenamiento Jurídico. Artículo 426 de la Constitución.

i.- Enriquecimiento Ilícito y sin causa:

La resolución administrativa conlleva un enriquecimiento ilícito y sin causa, ya que se les está cobrando a los ex accionistas de Filanbanco S.A., dos veces, a saber:

1ª La AGD obligó a los ex accionistas de Filanbanco S.A. a pagar las deudas de los clientes del Banco a que se refiere el informe de Deloitte & Touche de 2001, mediante la incautación de cientos de empresas y bienes que fueron declarados por la Agencia de Garantía de Depósitos (AGD), de propiedad de los ex accionistas, después declarados recursos de la AGD y finalmente traspasados al Fideicomiso AGD-CFN-NO MAS IMPUNIDAD.

2ª La Superintendencia de Bancos y Seguros, a través de la resolución administrativa que comentamos, en vez de traspasar a los ex accionistas de Filanbanco S.A. los activos (o deudas de clientes) del Banco que fueron pagados con sus bienes incautados, ya que por este pago se subrogaron legalmente en los derechos del acreedor; ahora se los pretende transferir al Banco Central del Ecuador (BCE) para que éste los cobre coactivamente. Es decir, les están cobrando dos veces el mismo valor a los ex accionistas privados de Filanbanco S.A. e incurriendo en un claro enriquecimiento ilícito y sin causa.

j. Infracción de la jerarquía normativa suprema. Ineficacia Jurídica:

Por lo señalado, es evidente y claro que la Superintendencia de Bancos y Seguros, mediante su resolución administrativa, ha contrariado múltiples normas jurídicas constitucionales de rango superior, razón por la cual ha devenido en inconstitucional y por ello jurídicamente ineficaz, de conformidad con lo previsto en los artículos 424, 425 y 426 de la Constitución.

3.1.16.- La Disposición Transitoria Décima Primera del Código Orgánico de Planificación y Finanzas Públicas, publicada en el Segundo Suplemento del Registro Oficial No.306, de 22 de Octubre de 2010:

Esta Ley contiene en la Disposición Transitoria Décima Primera una clara dedicatoria a la familia Isaías, al establecer que en las empresas incautadas a los ex administradores o accionistas de bancos, si hay glosas o deudas laborales o tributarias, originadas durante su administración, serán eliminadas y se creará una cuenta por cobrar a los ex accionistas privados de dichos bancos.

Establece que los ex administradores o accionistas de los bancos incautados por el artículo 29 de la Ley de Reordenamiento en Materia Económica, serán personal y pecuniariamente responsables de dichas obligaciones insolutas. Así mismo que los créditos que figuren otorgados a estas empresas incautadas, por parientes hasta el cuarto grado de consanguinidad y segundo grado de afinidad, serán eliminadas de la contabilidad de las empresas y se creará una cuenta por cobrar a los ex accionistas o administradores de los bancos.

Observaciones:

a.- Ley Orgánica Constitucional:

El artículo 133 de la Constitución establece las materias que están reservadas a una Ley Orgánica. El examen de las mismas revela que estas disposiciones transitorias que van dirigidas contra la familia Isaías no son materia de una ley orgánica. Por tanto, se está violando la Constitución y dándole una jerarquía normativa que no tiene.

b.- Seguridad Jurídica:

El derecho a la seguridad jurídica está contenido en el Artículo 82 de la Constitución. Es evidente que estas normas transitorias atentan contra dicha seguridad puesto que establecen normas que no son previas y tampoco claras, las que se pretenden aprobar para sancionar a los ex accionistas de bancos, que fueron incautados.

La mala técnica legislativa, el desconocimiento jurídico y contable que revelan estas disposiciones transitorias pueden ser materia de un análisis separado.

c.- El Derecho a ser juzgado y sancionado con normas previas, tipificadas como delito penal, administrativo o de otra naturaleza:

Este derecho establecido en el Artículo 76 No.3, está siendo vulnerado, porque en realidad bajo la apariencia de una nueva responsabilidad personal patrimonial de los ex accionistas de bancos, que ya fueron incautados, en realidad se pretende juzgar y sancionar a la familia Isaías, administrativamente, sin normas previas, por hechos nuevos totalmente discrecionales, de parte de la actual administración estatal de las empresas incautadas a la familia Isaías. Estas normas tienen una clara finalidad sancionadora, puesto que el Ordenamiento Jurídico actual posee otras acciones y remedios en contra de la administración fraudulenta, si fuera el caso.

d.- Normas jurídicas que no respetan, o restringen las normas constitucionales:

Por lo señalado anteriormente, las normas de las disposiciones transitorias de alguna manera no respetan, o restringen los derechos y garantías constitucionales. Circunstancia que no permite la Constitución en los Artículos 11 No.4 y 11 No.9. Además de estar prohibido en el Artículo 84 parte final de la Constitución.

e.- El derecho al debido proceso, en general:

Este derecho está garantizado en el Artículo 76 de la Constitución. No se puede establecer *obligaciones* de cualquier orden, sin garantizar un debido proceso. Circunstancias que no concurren de manera alguna en las normas transitorias comentadas, donde las actuales administraciones estatales de las empresas incautadas a la familia Isaías tendrán facultades discrecionales al respecto.

3.1.17. **Diversas maniobras para asegurar la indefensión de los afectados:**

Podemos destacar diversas maniobras realizadas por las autoridades y funcionarios del Estado para dificultar los reclamos y peticiones de los afectados, evadir pronunciarse y asegurar la indefensión de los afectados, a saber.

a.- El Fideicomiso AGD-CFN No Más Impunidad:

El Artículo 29 de la Ley de Reordenamiento en Materia Económica en el Area Tributario Financiero, contemplaba que mientras se prueba la real propiedad de los bienes incautados estos serían aportados a un fideicomiso en garantía para después pasar a ser activos de la Agencia de Garantía de Depósitos (AGD).La realidad es que antes de siquiera declarase la real propiedad de los bienes incautados, éstos empezaron a aportarse a un Fideicomiso de *administración y enajenación,* no en garantía como ordena el Artículo 29 Ibídem, denominado Fideicomiso AGD-CFN NO MÁS IMPUNIDAD, cuyo Fiduciario es la Corporación Financiera Nacional (CFN).

La Corporación Financiera Nacional (CFN), es una institución financiera pública, autónoma y con patrimonio y personalidad jurídica propia, que integra la denominada Administración Pública Institucional de la Función Ejecutiva, y que se encuentra dirigida por un Directorio y una Comisión Ejecutiva, cada una integradas mayoritariamente por un representante directo del Presidente de la República y por varios Ministros de Estado, por sí mismos o sus delegados. La CFN está facultada por su Ley Orgánica para prestar servicio fiduciario al Gobierno Nacional y a las entidades de derecho público y privadas.

El contrato de Fideicomiso mercantil, denominado AGD-CFN NO MÁS IMPUNIDAD celebrado por escritura pública de 19 de marzo de 2009, ante el Notario Vigésimo Noveno del Cantón Quito, Dr. Rodrigo Salgado Valdez, establece lo siguiente: (i) Que los contratantes fueron la Agencia de Garantía de Depósitos (AGD) y la Corporación Financiera Nacional (CFN); (ii) Que el constituyente fue la Agencia de Garantía de Depósitos (AGD); (iii) Que el máximo órgano de gobierno del fideicomiso es la **Junta del Fideicomiso,** integrada por 5 (cinco) miembros: 1 (un) delegado del Presidente de la República, 2 (dos) representantes de la Comisión de Administración y Vigilancia de las Empresas Incautadas por la AGD, un delegado del Ministro de Finanzas y el Gerente general de la AGD. Después de la extinción de la AGD, se reformó la escritura de fideicomiso original, estableciéndose que el Constituyente es el Ministerio de Finanzas y la Junta del Fideicomiso la integran 3 (tres) miembros: 1 (un) representante del Presidente de la República y 2 (dos) delegados del Ministro de Finanzas.

El Fideicomiso Mercantil AGD-CFN NO MAS IMPUNIDAD, de conformidad con lo establecido en el Artículo 109 de la Ley de Mercado de Valores, es una ficción jurídica capaz de ejercer derechos y contraer obligaciones, a través del fiduciario y representante legal, la Corporación Financiera Nacional (CFN), en atención a las instrucciones y finalidades señaladas en el contrato de constitución, a favor del propio constituyente o de un tercero llamado beneficiario, y que se encuentra dotado de un patrimonio autónomo y personalidad jurídica propia. Una de las principales características de los fideicomisos mercantiles es que los bienes que constituyen el patrimonio autónomo *son inembargables* y por ello suelen usarse como mecanismo de protección. Sin duda que la finalidad de protección o blindaje es el origen de fideicomiso.

La **Junta del Fideicomiso**, que encabeza el Econ. Pedro Delgado (el mismo mencionado en los numerales 3.1.2 y 3.1.5. de esta denuncia), pariente del Presidente de la República, Rafael Correa Delgado; ya inició los procesos de subasta de los bienes incautados a la familia Isaías, ha concretado algunos de ellos y otros se encuentran en trámite. No hay ningún antecedente que permita pensar, seriamente, que el gobierno va a desprenderse del conglomerado de medios de comunicación incautados a la familia Isaías y que ahora forman parte de su aparato de propaganda.

b.- Extinción de la Agencia de Garantía de Depósitos (AGD).
Traspaso al Ministerio de Finanzas:

La Agencia de Garantía de Depósitos (AGD) es la agencia estatal, de derecho público, que incautó los bienes de la familia Isaías y ante quienes se presentaron las reclamaciones administrativas correspondientes.

La Ley de Seguridad Financiera, publicada en el Tercer Suplemento del Registro Oficial No.498 de 31 de diciembre de 2008, en su Disposición Transitoria Quinta, estableció que la AGD tendría vigencia hasta el **31 de diciembre de 2009.** Así mismo, que los activos, derechos y competencias, establecidas en el Artículo 27 y 29 de la Ley de Reordenamiento Ibídem, serán ejercidos por el Ministerio de Finanzas.

El Ministerio de Finanzas y la Presidencia de la República comparten la misma personalidad jurídica. Esta personalidad jurídica es la de la Administración Pública Central de la Función Ejecutiva del Estado.

c.-La Unidad de Gestión y Ejecución de Derecho Público del Fideicomiso:

El Código Orgánico de Planificación y Finanzas Públicas, publicado en el Segundo Suplemento del Registro Oficial No.306 de 22 de Octubre de 2010, en su Disposición Transitoria Décima, estableció que los activos, derechos y competencias de la ex Agencia de Garantía de Depósitos (AGD), transferidos al Ministerio de Finanzas, se trasladarán a la Unidad de Gestión y Ejecución de Derecho Público del Fideicomiso AGD-CFN No más Impunidad. Esto fue ratificado por Acuerdo Ministerial No.281 de 22 de octubre de 2010.

d.- Pruebas de las evasivas. Conclusión:

El 8 de abril de 2010 se presentó ante Efrén Roca, Coordinador General de la Unidad de Administración de Activos y Derechos de la ex AGD, dependiente del Ministerio de Finanzas, el escrito de impugnación, fechado 7 de abril de 2010, de la Notificación de la deuda 2010, a que se refiere el numeral 3.1.14 de esta denuncia.

Mediante Oficio No.SP-0-10-2406 de 6 de mayo de 2010, el Dr. Galo Mora Witt, Secretario Particular del Presidente de la República, Rafael Correa Delgado, dirigido al abogado Xavier Castro Muñoz, Procurador Judicial de los Isaías, se delega al señor Ministro de Finanzas, Patricio Rivera, para tratar *"sobre los procesos administrativos de incautación contra los bienes de los hermanos Isaías"*.

El 27 de abril de 2010, el señor Ministro de Finanzas, Patricio Rivera, mediante comunicación dirigida al Ab. Xavier Castro Muñoz, le expresa que es incompetente para conocer su impugnación y dispone su archivo, en contra de disposiciones legales expresas e instrucciones del Presidente de la República.

El 14 de Mayo de 2010, mediante comunicación al Ministro de Finanzas, Patricio Rivera, la señora María Verónica Jairala, apoderada especial de Roberto Isaías, insiste en la audiencia para tratar la impugnación de la notificación de la deuda de 2010 y la actualización del Informe de Deloitte & Touche.

El 11 de Noviembre de 2010, mediante oficio No.MF-DM-2010-5209, el Coordinador General de la Administración de Activos y Derechos de la Ex AGD, Dr. Darío Velasteguí, dependiente del Ministerio de Finanzas, responde casi 6 (seis) meses después a María Verónica Jairala, que no tiene competencia, que fueron trasladas a la Unidad de Gestión y Ejecución de Derecho Público del Fideicomiso AGD-CFN No más Impunidad.

Conclusión: Se ha hecho evidente y claro, que las autoridades de Gobierno están concertadas para eludir referirse o pronunciarse sobre la impugnación formal a la notificación de la deuda en 2010, que el Gobierno pretende cobrar a los señores Isaías por la actualización del informe de Deloitte & Touche de 2001, notificada mediante Oficio MF-DM-CAGD-2010-1565 de 30 de marzo de 2010, del Ministerio de Finanzas y a la que se refiere el numeral 3.1.14. de esta denuncia.

3.2. La utilización de los medios de comunicación social contra los Isaías:

Breves comentarios sobre otro capítulo muy importante, la persecución política y judicial de los hermanos Isaías, a través de los medios de comunicación social, llevada a cabo por las autoridades y funcionarios del Estado Ecuatoriano, en ejercicio de sus funciones. Una selección con los más importantes y recientes archivos audiovisuales es adjuntada a esta denuncia, y deberá ser examinada por la Comisión. Los comentarios, son los siguientes:

3.2.1. Adelantamos en la parte inicial de este documento, que los diferentes gobiernos de turno del Estado Ecuatoriano, sin excepción, los candidatos durante las campañas a cargos de elección popular, y la clase política, en general; utilizaron la crisis bancaria de 1998, como una herramienta política, el discurso político populista satanizó a los banqueros, en especial, a los hermanos Isaías. Los hicieron responsables de la crisis y, en adelante, los consideraron y trataron como si fueran unos convictos por peculado, prófugos de la justicia.

3.2.2. El Presidente de la República, Rafael Correa Delgado, heredero de la política de satanización de los hermanos Isaías, impulsó durante su gobierno una estratégica *ofensiva comunicacional* en contra de los hermanos Isaías: pasando programas y cuñas de propaganda donde los califican de banqueros corruptos; donde se menciona que se llevaron el dinero de los ahorristas; y se utilizan las fotografías de los hermanos Isaías y del Filanbanco. Al respecto, podemos manifestar lo siguiente:

a.- Impacto comunicacional:

El gobierno utiliza todos los medios de comunicación a su alcance, en especial los medios públicos, incluidos el conglomerado de medios incautados a la familia Isaías, con los que controla casi todos los medios de comunicación del país.

En la cadena sabatina, un programa semanal de varias horas de duración los sábados, que el Presidente Rafael Correa Delgado utiliza para informar de su gestión y para difundir su ideario, opiniones y actividad política, dispone de una cadena de televisoras y radioemisoras de impacto nacional.

b.-Objetivos del Gobierno:

Los objetivos alcanzados por el gobierno del Presidente de la República, Rafael Correa Delgado, con su *ofensiva comunicacional* son: (i) La destrucción de la reputación de la familia Isaías, que los entendidos en la materia denominan "*asesina-*

to de imagen"; y (ii) La injerencia indebida en otras funciones del Estado Ecuatoriano, como la Función Judicial, a la que le dirige presiones púbicas para una pronta condena a los hermanos Isaías, a veces bajo amenazas de destitución.

c.- Derechos lesionados:

La ofensiva comunicacional contra los hermanos Isaías, lesiona gravemente la honra de los afectados y les provoca daños morales, asociados,

d.- Calificación jurídica:

Las imputaciones que se hacen a los hermanos Isaías en esta ofensiva comunicacional del gobierno del Estado Ecuatoriano, encuadraría en lo que se denomina injurias y calumnias graves, reiteradas y con publicidad.

3.2.3. Por tanto, es evidente y claro que representantes del Estado Ecuatoriano y sus funcionarios públicos, han contravenido toda la normativa sobre *presunción de inocencia* y sobre el respeto a la honra y dignidad de las personas, que contempla el Ordenamiento Jurídico interno y las Convenciones internacionales sobre DD.HH. suscritas y ratificadas por el Ecuador.

IV

INFRACCIONES Y DERECHOS LESIONADOS

4.1. Infracciones al Derecho Interno del Estado Ecuatoriano:

El apartado III, anterior, enfatiza la descripción cronológica de los hechos y circunstancias más importantes, desde el punto de vista del Derecho Interno, que demuestran que los hermanos Isaías han sido víctimas de una persecución política y judicial durante más de 10 años, que se ha realizado mediante la utilización de la institucionalidad del Estado Ecuatoriano y sus funcionarios, en diversos niveles o jerarquías. A saber:

a.- <u>Los representantes de la Función Legislativa</u>:

Los representantes de la Función Legislativa del Estado Ecuatoriano, sea a través del antes denominado Congreso Nacional y la ahora denominada Asamblea Nacional, participaron en esta persecución de la familia Isaías, mediante la creación o reforma de leyes, destinadas en contra la familia Isaías, muchas veces pasando por alto no sólo la Constitución y las Convenciones Internacionales sobre DD.HH suscritas y ratificadas por el Ecuador, sino que desconociendo principios elementales del Derecho, universalmente aceptados, como *la cosa juzgada.*

b.- <u>Los representantes de la Asamblea Constituyente</u>:

Los representantes de la Asamblea Constituyente de Plenos Poderes del Estado Ecuatoriano, produjeron un mandato constituyente destinado contra de la familia Isaías, que les negó eficazmente el acceso a la justicia, vulnerando del Ordenamiento Jurídico interno y de las Convenciones Internacionales de DD.HH suscritas y ratificadas por el Ecuador.

c.- <u>Los representantes de la Función Ejecutiva</u>:

Los representantes de la Función Ejecutiva, y en general, la

Administración Pública Central de la Función Ejecutiva del Estado Ecuatoriano, omitieron ejercer sus facultades constitucionales de veto u objeción en el trámite de generación de leyes abiertamente inconstitucionales y con dedicatoria contra los Isaías; dictaron normas reglamentarias, decretos y normas administrativas en contra de la familia Isaías; ejercieron un rol activo en la planificación y ejecución de las confiscaciones de bienes y medios de comunicación de la familia Isaías; y planificaron y ejecutaron una ofensiva comunicacional en contra de los hermanos Isaías. Todo en vulneración del Ordenamiento Jurídico interno y de las Convenciones Internacionales de DD.HH suscritas y ratificadas por el Ecuador.

d.- Los representantes de la Función Judicial:

Los representantes de la Función Judicial han aplicado normas jurídicas en contra de la familia Isaías, contrariando expresas normas legales y constitucionales internas; han omitido aplicar directa e inmediatamente los derechos constitucionales de los afectados que se lo han peticionado en forma expresa al amparo de la Constitución del 2008; han aceptado la injerencia política indebida en los asuntos de su exclusiva competencia; han incurrido en denegación y mala administración de justicia y atentado contra el debido proceso. Todo en vulneración del Ordenamiento Jurídico interno y de las Convenciones Internacionales de DD.HH suscritas y ratificadas por el Ecuador.

e.- Entidades públicas y los funcionarios públicos:

Representantes de múltiples entidades públicas, como de la Superintendencia de Bancos, de la Superintendencia de

Compañías, del Banco Central del Ecuador (BCE), o de entidades que conforman la denominada Administración Pública Institucional del Estado Ecuatoriano, como la Agencia de Garantía de Depósitos (AGD), la Corporación Financiera Nacional (CFN), y sus respectivos funcionarios públicos, han cumplido, ejecutado o dictado normas administrativas en contra de la familia Isaías, contrariando normas administrativas de nivel superior y vulnerando múltiples normas legales y constitucionales internas y las convenciones internacionales de DD.HH suscritas y ratificadas por el Ecuador.

4.2. Infracciones a los DD.HH de los Hermanos Isaías Dassum:

Desde el punto de vista de la normativa internacional, es evidente que la relación de hechos y circunstancias a que se refiere el apartado III, demuestra en forma clara y contundente que se han lesionado gravemente los DD.HH de los hermanos Isaías Dassum, garantizados en la Convención Americana sobre Derechos Humanos, denominada "PACTO DE SAN JOSÉ DE COSTA RICA", en la que el Estado Ecuatoriano es Parte. A saber:

4.2.1. <u>Infracciones las Garantías Judiciales</u>:

a.- Art.8 No.1. El derecho a ser oído con las debidas garantías y dentro de un plazo razonable, por un tribunal competente, independiente e imparcial, establecido con anterioridad por la ley, en la sustanciación de cualquier acusación penal o de cualquier otro carácter.

b.- Art.8 No.2. El derecho que tiene una persona inculpada de delito a que se presuma su inocencia mientras no se establezca legalmente su culpabilidad.

c.- Art.8 No.2. Literal b). El derecho a tener durante el proceso garantías mínimas sobre comunicación previa y detallada de la acusación formulada.

d.- Art.8 No.2. Literal c). El derecho a tener durante el proceso garantías mínimas sobre concesión al inculpado del tiempo y los medios adecuados para la preparación de su defensa.

e.- Art.8 No.2. Literal h). El derecho a tener durante el proceso garantías mínimas sobre el derecho de recurrir del fallo ante el juez o tribunal superior.

4.2.2. Infracciones a los Principios de Legalidad y de Retroactividad:

Art. 9: Nadie puede ser condenado por acciones u omisiones que en el momento de cometerse no fueran delictivos según el derecho aplicable.

4.2.3. Infracciones a la Protección de la Honra y Dignidad:

a.- Art. 11 No.2 Nadie puede ser objeto de ataques ilegales a su honra o reputación.

b.- Art.11 No.3. Toda persona tiene derecho a la protección de la ley contra esos ataques.

4.2.3. Infracciones al Derecho a la Propiedad Privada:

Art. 21 No.2. Ninguna persona puede ser privada de sus bienes, excepto mediante el pago de una indemnización justa, por razones de utilidad pública o de interés social y en los casos y según las formas establecidas por la Ley.

4.2.4. Infracciones a la Igualdad ante la Ley:

Art. 24. Topas las personas son iguales ante la ley. En consecuencia, tiene derecho, sin discriminación, a igual protección de la ley.

4.2.5. Infracciones al Derecho a la Protección Judicial:

a.- Art.25 No.1. Toda persona tiene derecho a un recurso sencillo y rápido o a cualquier otro recurso efectivo ante los jueces o tribunales competentes, que la ampare contra actos que violen sus derechos fundamentales reconocidos por la Constitución, la ley o la presente Convención, aun cuando tal violación sea cometida por personas que actúen en ejercicio de sus funciones oficiales.

b.- Art.25 No.2. Literal a). Los Estados Partes se comprometen a garantizar que la autoridad competente prevista en el sistema legal del Estado decidirá sobre los derechos de toda persona que interponga tal recurso.

4.3. **Conclusión final ante las infracciones al Derecho Interno y los DD.HH:**

Por lo señalado en el apartado III y en los numerales 4.1 y 4.2, precedentes, queda claro que diversas autoridades políticas y funcionarios del Estado, en ejercicio de sus funciones, mediante sus acciones y/u omisiones contrarias al Ordenamiento Jurídico, han abusado de las facultades que les otorga la institucionalidad interna y participado en la persecución política y judicial de Roberto y William Isaías Dassum y en la confiscación de sus bienes, que las autoridades reconocen por valor de US $400.000.000.- (cuatrocientos millones) y que nosotros estimamos en US $800.000.000.-(ochocientos millones), a lo menos.

El Estado Ecuatoriano ha faltado gravemente a sus deberes

elementales de cumplir y hacer cumplir la Ley y la Constitución y de respetar los derechos de sus ciudadanos, incluidos los DD.HH de los hermanos Isaías Dassum, reconocidos en las Convenciones internacionales suscritas y ratificadas por el Ecuador.